U0839856

中国人民大学书报资料中心重要转载来源

CHINA TOURISM REVIEW 2020. NO.3

中国旅游评论：

2020第三辑

中国旅游研究院　主编

中国旅游出版社

《中国旅游评论》编委会

《中国旅游评论》编辑部

目　录

旅游大讲堂

旅游人茶座

旅游发展与科技支撑

旅游市场与产业

文化与旅游融合发展

强化科技支撑，建设高端旅游智库

戴　斌[①]

（中国旅游研究院，北京 100005）

一、党和国家高度重视科技创新，旅游业的高质量发展和智库建设需要科技支撑

马克思主义理论高度重视科技发展，强调从人类社会生活和生产劳动实践过程考察科技的历史作用。“各种经济时代的区别，不在于生产什么，而在于怎样生产，用什么劳动资料生产。”（《马克思恩格斯全集》第 23 卷，第 204 页）“资产阶级在它的不到一百年的阶级统治中所创造的生产力，比过去一切时代创造的全部生产力还要多。”（《共产党宣言》）强调“科学是一种在历史上起推动作用的、革命的力量”。（《马克思恩格斯文集》第 3 卷，第 602 页）

以毛泽东、邓小平、江泽民、胡锦涛为代表的几代共产党人，高度重视科学研究和技术应用，明确提出“科学技术是第一生产力”。党的十八大以来，以习近平同志为核心的党中央更是从两个百年“中国梦”的战略高度，阐释、部署和推动科技工作，并从更高的站位繁荣和发展哲学社会科学。2018 年 5 月 28 日，习近平总书记在两院院士大会上发表讲话，全面阐述了科技创新在经济社会发展和中华民族伟大复兴中的作用、目标和路径。他指出，“科学技术从来没有像今天这样深刻影响着国家前途命运，从来没有像今天这样深刻影响着人生活福祉”“中国要强盛，要复兴，就一定要大力发展科学技术，努力成为世界主要科学中心和创新高地”“自力更生是中华民族自立于世界民族之林的奋斗基点，自主创新是我们攀登世界高峰的必由之路。实践反复告诉我们，关键核心技术是要不来、买不来、讨不来的”。2020 年 5 月 22 日，国务院总理李克强向十三届全国人大三次会议作《政府工作报告》，明确提出：提高科技创新支撑力。稳定支持基础研究和应用基础研究，引导企业增加研发投入。加快建设国家实验室，重组国家重点实验室体系，发展社会研发机构。深化国际科技合作。加强知识产权保护。实行重点项目攻关“揭榜挂帅”，谁能干就让谁干。

从 1999 年“国庆黄金周”开始，旅游业发展有两条明显的主线：一是旅游消费的大众化，中产阶层的市民和解决温饱问题的农民成为旅游市场的主力军；二是旅游动能的现代化，科技、文化、投资和创业创新成为旅游产业发展的全新动能。疫情期间，我多次说过，“经此一疫，旅游业再也回不到过去了”，指的就是回不到“人山人海吃红利，圈山圈水收门票”的传统发展模式了。即将到来的全面小康社会，将对旅游业发展的指

① 2020年7月1日，中国旅游研究院开展主题党日暨CTA博士团聚焦系列活动。本文为戴斌院长在年中会议主题讲话暨在纪念建党 99 周年暨“科技建设年”动员会上的讲话，略有删减。

导思想、时代目标和产业动能提出全新的挑战。奋力创新者会抓住时代的机遇而持续飞扬，努力付出者将历经波折再凤凰涅槃，不思进取者则会在无休止的抱怨和自怜中消失不见。这很正常，在历史进步和时代机遇面前，没有谁是天然的嫡系和主力，科研院所干不了，高等院校干；高校干不了，企业干。不能因为自己顶着个国家队的帽子，就认为什么都是应当的。搞得不好，取消“番号”都是有可能的。

从马克思主义的经典理论，到习近平总书记中国特色社会主义思想，再到国家重点实验室体系和高端智库建设的战略部署，一个科技支撑理论创新、理论引领科技发展的新时代正在来临，并要求我们切实做好思想、组织、平台和团队的准备。事实上，没有科技底蕴的专业智库很难有扎实的基础，理论建设和人才培育很难持续下去，没有数据支撑的政策研究也走不远。对此，学术界和政府部门已经有了广泛共识。我多次和马仪亮、何琼峰同志讲，在数据生产方面一定要有自己的平台，自主研发的专利技术。作为一家中字头的专业智库和国字号的数据中心，如果数据都是依靠统计、移民、交通、商务和公安部门交换来的，就会很容易被别人打败或者替代。如果只能用常规层层填报的方式生产《旅游调查统计制度》规划的指标，上级领导和中央跟我们要“世界各国 / 地区接待中国出境旅游者的人数和花费”“国民人均旅游天数”“游客在博物馆人均停留时间”等数据，怎么办？能对领导说“对不起，统计制度没有这个指标，我们不掌握这个数据”吗？能对中央交白卷吗？绝对不行啊，同志们！那样会慢慢失去研究院的存在价值和发展空间的。所以我们与中国电信、银联商务、携程、马蜂窝、斯维登、维智等科技企业建立联合实验室，与重庆、长春、福州等地联合共建数据中心，就是要有自己的数据生产体系和院企、院地合作网络。还要有自己的专利技术和软件著作权，还要有“中国旅游大数据”服务号这样的数据采集和生产平台，《中国文化和旅游大数据》内刊、“中国旅游大数据 App”这样的数据发布平台，还要有特色文献库、地方和旅游企业案例库、口述历史库支撑的国家级旅游文献中心。回过头来看，建院以来攒了些家底，但是距离独立自主的科技支撑和数据生产平台的建议目标，还有很长的路要走。

近年来，我们一直在尝试进入科技系统的重大研发体系，也做了大量的工作。虽然还没有实现预期的目标，但是已经积累了不少经验，包括如何设计选题，如何与企业合作，如何确定技术路线和研究方法等。这次与浙江智游宝公司合作的《基于分时实名预约的文旅行业疫情防控综合管理云平台》项目，已经进入了国家“科技助经济 2020”重点专项预备清单，是科技建设年的奠基礼，也是新时期旅游智库在科技创新领域中的探索和突破。过去这些年，旅游领域中的科研院所和高校学者申请国家自然科学基金项目，主要还是以论文发表为导向，企业研发则以具体项目为载体。我们的目标是要走出一条“政府资助、院企合作、战略牵引、商业研发”的新路子，务实推进文化和旅游融合的高质量发展进程。产业所、战略所、休闲所、政策与科教所、国际所也在相应的应用研究和理论建设中，注入了科技要素并产生了现实的影响。2019 年的旅游集团年会，提前半天请一批科技企业来展示可能的旅游应用场景，效果很好。为什么科大讯飞、腾讯这样的企业会来参加一家旅游智库的会议？是因为我了解旅游消费需求，代表了近7万亿元的旅游大市场，与旅游主体特别是旅游集团二十强有着良好的合作关系和紧密的互动。今天，科技成为推进旅游业高质量发展的新动能，市场主体已经从概念导入走向产品研发和场景应用，如果我们还是抱着传统的教科书，只会帮着机关司室起草文件，以文化和旅游部的背景出去串串场子，或迟或早要“下场领盒饭”的。在日新月异的科技革命和理论创新面前，任何意义上的骄傲自满，都会让我们走向故步自封并最终为时代所抛弃的危险境地。每个同志时刻都要有保持警醒、不断提升应对危机的能力。

二、新型旅游智库要有思想高度，还要有科技力度

今天的智库建设要善于提出观点，还要能够论证观点，这就需要学理基础、逻辑展开和数据支撑。与机关业务司局的政策研究不同，我们既要完成文化和旅游部交办的特定研究任务，又要对政策执行效果做出客观判断，还要结合中央经济社会发展目标对旅游工作，主动研究并提出较长时间跨度、较大空间尺度和超越事务层面的发展思路。研究成果可能是大众旅游、小康旅游这样的概念，可能是主客共享、全域旅游这样的理论，也可能是新冠肺炎疫情对旅游业的影响和产业振兴的政策设计。多数成果都需要定量分析和仿真实验，这都需要大量的数据支撑。没有统计学、经济计量学的知识储备和大数据、人工智能等技术支持，数据采集、清洗、加工和整合的过程是无法完成的。这并不是要同志们转行去研究自然科学、工程科学和生命科学，甚至去写代码，更不是要把中国旅游研究院变成中国旅游科学院。研究院是旅游领域的专业智库，同志们是旅游领域的理论工作者，这是毋庸置疑，也是不会改变的。不过，术业有专攻，学科有交叉，努力阅读、学习和研讨让自己具备科学素养和技术能力，不是什么坏事。研究团队都是受过经济学、管理学、地理学等完整学术训练的博士，从概念展开到理论形成的逻辑，从研究方法到技术路线的确定，从论文写作到发表宣讲的技能，都各有所长。但是从总体上看，还是哲学社会科学的范畴，我看还需要努力具备自然科学和工程科学的素养和常识。由于旅游研究、教育和实践的时间并不长，改革开放以来科学研究和理论建设主要在应对层面展开。理论联系实际的学风当然要坚持，但是也要注意不要从一个极端走向另一个极端。从文献到文献，什么都要讲究逻辑自洽，导致理论与实践脱节，学者自我精英化，固然不对；而什么都要讲究实用性，特别是浅层次的实用性，恐怕也不成。没有学理和数据支撑，没有历史的纵深感和逻辑展开过程，理论建设只会在平面打转转，而无法进入螺旋式上升的轨道。遗憾的是，这个问题到现在为止也没有完全解决好。有的同志要么受高校学者影响，一门心思奔着C刊、基金去；要么受江湖专家和网络写手的影响，写一些听上去似乎有道理，实际上既经不起科学验证也经不起实践检验的口水文字。还要关注一种倾向，除了旅游这点学问什么也不知道，除了写报告什么也不会干，长此以往，可不行啊。今后双周学术沙龙和博士后专题研讨，要适当开些科普讲座，同志们也要尽可能多读些科技前沿的书籍。

今天的智库建设要创造性地完成任务，还要持续性地培养团队。无论是经商办企业，还是体制内做平台，都不会有什么长期不可替代的竞争能力，更不会有一劳永逸的竞争优势。历史一再证明，并将继续证明：所有的硬权力都是用来革命的，所有的优势都是用来打破的。那种靠一两个名人大家，找几位退休官员撑门面、拉项目的时代一去不复返了。到目前为止，无论是从平台还是从团队的角度而言，研究院都还很年轻。有劣势，走江湖时没有名气，不容易给人留下第一印象，排座位都排到后面去。也有优势，没有大家名家的人设，也没有偶像的包袱，容易轻装上阵。面对大家名家，千万不要有顾虑，你有你的经验，我有我的数据；你有你的人脉，我有我的技术。无论是写报告，做演讲，还是会议研讨，你把工具、方法、模型和数据往那儿一摆，加上逻辑支撑的观点陈述，理论和实践两界自然会看到你的实力。当然，独木不成林，一花不是春。我们要善于建设不同学科背景、不同年龄结构、不同能力专长的团队，还要善于把不同的团队融合，为了共同目标而形成协同创新力。

今天的智库建设要有适者生存的能力，还要有可持续发展和创新引领的本事，离不开科学研究和技术创造。研究院的梦想之一是在文化和旅游部党组的领导下，以高端智库和国家重点实验室建设为抓手，早日成为独立推动产业发展的学术力量。围绕 5G 与新基建、实验室经济、区域链、数字文旅等前沿科技，过去半年已经报出了若干份《旅游内参》（含特别报告），和深大智能等企业的合作也取得了一些实质性的进展。我们的目标不是要把研究院（数据中心）建成企业的研发中心，甚至像清华大学、浙江大学那样搞产业园，现在还不具备这样的条件，而是要在旅游市场的理解上，旅游产业发展的方向上，以及旅游发展的新要素和新动能的把握上，有持续创新和方向引领的能力。港中旅、华侨城、携程等旅游集团已经成立了自己的研究院，马蜂窝、去哪儿、深大智能等合作企业本来就是科技驱动型的企业，加上科大讯飞、美团点评、字节跳动等新进市场主体，他们已经在科技应用、产品研发和业态培育方面走到前面了。如果不能及时有效地加强科学素养和技术理解力，我们甚至会失去与业界对话的能力，更谈不上什么引领了。

三、研究院的科技建设既要坚持问题意识，也要强化实践导向

科技的重要性容易形成共识，可是科技建设年的主题怎么展开，并不是那么容易回答的问题。根据文化和旅游部给研究院（数据中心）下达的“三定”规定，我们就这么几十号人，就是再增加些编制，加上院聘职工、博士后和访问学者，也不会到 100 人，不可能也不需要专门的团队去搞人工智能或者机器人翻译。在这种情况下，如何与进入旅游领域中的科技公司和旅游市场主体的科技创新对话？如何为科技推进文化和旅游融合高质量发展资政建言？只有一个方面，就是我们对旅游市场和游客需求有充分的了解，也有聚合投资机构和市场主体的影响力，这是学术型智库介入科技话题最大的优势。对此，同志们务必要有清醒的认识，并在科研实践和理论建设中一以贯之地坚持下去。

上个月在北京乐高探索中心调研时，运营方现场向研究团队提了一个问题：以亲子和陪伴为导向的乐园，按惯例父母必须和孩子一同进园。可是多数父母进去后仍然在玩自己的手机，甚至会因为多买了一张门票却没有实际参与而向园方投诉。运营方是继续坚持既有的理念，花时间去教育家长呢，还是放弃既有的理念，适应中国现阶段的国情，让孩子单独进场呢？说实话，这不是说几句“既要……又要……”的话就可以搪塞过去的问题，而是需要对亲子旅游和休闲活动的深刻理解，也需要对经典项目长期跟踪而积淀的大数据支撑。基于对影响美国几代人成长的木偶、动画和真人表演的电视片《芝麻街》的过程中评估研究（Formative Research）和总结性评估研究（Summative Research），研究院和大业传媒成立了亲子旅游实验室，希望探索出一条需求引领创作、数据指导 IP 拓展和周边开发的“科技 + 文化 + 旅游”的新模式。我们还与中国电信、银联商务、良业照明、携程、马蜂窝等科技企业成立专题实验室，加上正式获批的旅游经济文化和旅游部重点实验室，平台也算是搭了不少。总体来看，除了中国电信的合作项目在假日旅游统计方面取得有目共睹的效果，很多实验室项目还没有实现应有的预期目标。对口的研究部门要会商科研管理部，认真梳理现有平台，在发展规划、专题研究和数据生产方面多下些功夫，多出面向市场实践和社会实践前沿需求，并经得起实践检验的理论成果和技术专利。

要重视科技创新，也要对科技的边界和伦理的底线有清醒的认识。上个月初，继特斯拉、卫星链、可回收火箭、火星移民之后，马斯克高调宣布“已经找到了高效实现脑机接口的方法”，并发布了“脑后插管”新技术的首款产品。对此，一位工程科学领域的学霸的评论给我留下了深刻的印象。他说，在动物脑内植入微型数据采集设备，数据一定能采集到，但是到底有多大用处就不知道了。因为人类对大脑结构和信号机制了解的还是太少太少，有限的了解也只是最简单的听觉、视觉和肢体运动等方面的信号。现在所做的只是极其有限的数据输出，但是如何把外部数据输入到大脑中去，并和大脑自身的信号融合，其中的原理都不清楚，更不用说应用了。作为一名经济学博士和管理学教授，对这么高深的“脑机接口”话题也只能转述到这个程度了。回到我们的理论和数据建设上来，现在我们应用大数据技术，借助通信运营商的信令，生产了不少有用的旅游市场总量和游客消费数据，相当于通过“插管技术”从动物的脑中获得了一些“信号”，也得到决策机构和企业界的认可。问题是，这些数据真的能够反映旅游经济体系的全貌和趋势吗？更重要的是，这些经过加工的数据，如何反向输入旅游经济体系，并有效提升市场主体的研发水平和消费主体的满意度呢？

这些年来，各地诸多“智慧旅游”项目之所以看上去热热闹闹，最终却中看不中用的根本原因就在于：我们错把有限的信息当作了事物本身，收集了看上去很炫的数据就沾沾自喜，而对数据如何输入旅游经济体系以推进旅游业高质量发展的体制机制等更重要的问题，既不能为，也不愿为。这就涉及科技伦理问题，如果没有家国情怀和人文精神作引领，任由科技一路高歌猛进下去，很容易让市场创新和产业进步脱离其应有的轨道。我们有义务提醒创业创新者，旅游业需要科技来推进高质量发展，但是科技不能成为脱缰的野马，用一堆不明所以的概念和没有经过市场检验的理论把“旅游 + 科技”弄成了一地鸡毛，而是行当所行，止当所止。这就要求研究团队要对量子通信、5G、无人驾驶、遥感测量、北斗导航等新科技有一定程度的理解，知道这些高科技、新科技在旅游场景和商业创新方面能做什么，不能做什么。

从 2009 年河北乐亭的第一次年中工作会开始，我们确定并坚持了“1+8+X”的标志性成果建设体系，开创了旅游研究领域成建制、体系化、年度发展的报告体系，并形成了学术品牌。后来很多企业和地方也开始发各种各样的报告，加上网络自媒体和公众号的推波助澜，大有“无机构不报告”之势。为什么这两年消停了呢？归根结底还是没有学理、数据、平台和团队支撑。现在看来，标志性成果和品牌项目进入了高原期，面临着持续改进和提升的一些瓶颈性问题。比如三大市场和国民休闲报告，除了那些纵比和横比的历史数据、面板数据，我们对旅游需求还能提出哪些前瞻性预测？旅行服务、旅游住宿、旅游景区和旅游集团四大产业报告，这些年下来提出了哪些影响全行业的概念和理论？破解之道在于科技力量的引入，要建设和完善以旅游经济文化和旅游部重点实验室为主体平台的实验室合作网络，通过科学试验证实或者证伪流行的观点和看法，提出有学理和数据支撑的新观点和新理论，进而引领旅游产业发展的未来方向。

理论成果、数据库和发明专利必须接受产业实践的检验，这是研究院的组织文化和价值追求，应当也必须成为每个职工尤其是研究人员的理论认同和行动自觉。个人的天赋和才情是恒定的，太宽了就不会太长，就够不着既有认知的边界。怎么办？过去戏剧界有句话叫“不疯魔，不成活”，就是要极端地认同和极端地投入。你们去看《霸王别姬》《美丽心灵》等艺术片和传记电影，说的都是这个道理。艺术家和科学家可能高度自信，甚至是极端自负，活在自己的世界里。躲进象牙塔的校园学者可以一门心思发论文，以获得同行认可为毕生追求。社会科学和旅游理论工作者不行，我们要解释世界，还要改造世界，不接受市场、政府和社会的检验怎么行呢？

6 月上旬的周末，翻阅《古文观止》，正好读到苏轼的成名策论《刑赏忠厚之至论》。由《尚书》的“赏疑从与，所以广恩也；罚疑从去，所以慎刑也”，而得“故仁可过也，而义不可过也”。其逻辑过程是：无论是奖赏，还是处罚，都强调以事实为依据，按照流程和规则办。由于广泛存在的信息不对称，决策者不可能了解奖惩对象的全部事实。“从不冤枉一个好人，也不放过一个坏人”，是理想的状态，也是追求的目标，如同完全竞争之于国民经济。历史上，从“宁可错杀一千，不可放过一个”到“宁可放过一个坏人，不可冤枉一个好人”，经历了漫长的历史选择过程。顺着这个思路，统计学的第一类错误和第二类错误自然就跳出来了，接下去开始了统计功效、T 检验、卡方检验等烧脑之旅，最后定格于著名的“李约瑟之谜”，并引发进一步的思考：为什么古人告诉我们那么多“格物、致知、修身、齐家、治国、平天下”的道理，却没有在近代产生推动工业革命的科学技术？又想起亚瑟·克拉克 1962 年说过的格言：“当一位杰出而年迈的科学家预言某件事物不可能出现时，他几乎是错的。但当他预言某件事物将要发生时，他几乎是对的。”对于我们中间的绝大多数人来说，终其一生也成不了爱因斯坦、费曼、图灵、纳什那样的天才科学家。作为哲学社会科学工作者，建议同志们可以多读读《时间简史》这样的大家科普著作，可以多看看《万物与虚无》（*Everything and Nothing*）这样的高水平纪录片，促进对学科边界之外的好奇心和旅游领域之外的探索欲，从而明确面向未来的奋斗方向并切实增强自己的研究势能。

科技拓展文旅融合新空间

全　华
（上海对外经贸大学会展与旅游学院，上海 201620）

习近平总书记多次强调高质量发展对于党和国家工作全局的重要意义，明确指出推动高质量发展是当前和今后一个时期确定发展思路、制定经济政策、实施宏观调控的根本要求。

文旅融合是全国旅游和文化部门面临的重要课题，也是文化和旅游高质量发展的重要途径。2020年4月29日，雒树刚在2020中国旅游科学年会上的讲话中指出了“一个主题”“五个兼顾”。“一个主题”就是紧紧围绕旅游业高质量发展这个主题。“五个兼顾”包括兼顾当前和长远、兼顾文化和旅游、兼顾理论和应用、兼顾国内和国际、兼顾人文和科技。

文化和旅游部提出了“理念融合、职能融合、产业融合、市场融合、服务融合、交流融合”六大路径，为文旅融合行业管理指出了工作方向。中国旅游研究院院长戴斌也撰文指出：文化和旅游的融合既有需求端消费升级的迫切需要和坚实基础，也为供给侧改革提供了一条可行路径。科技、教育、资本、时尚等新元素的注入，正如叠加催化剂一般与文旅基础资源发生化学反应，为文旅产业从高速增长走向高质量融合发展提供了全新动能。以数字化为代表的科技力量的深度渗透与创新变革始终贯穿于产业发展。科技让天文、地文、水文与人文，更具沉浸感和参与性，并可实现随时随地可视化的数字连接。

那么，如何架设文旅融合现状通往文旅融合目标的桥梁呢？科技是其重要路径之一。

一、文旅融合视角的科技

不同的视角，有不同的科技内涵。文旅融合视角下的科技，主要包括三个方面（图 1）：

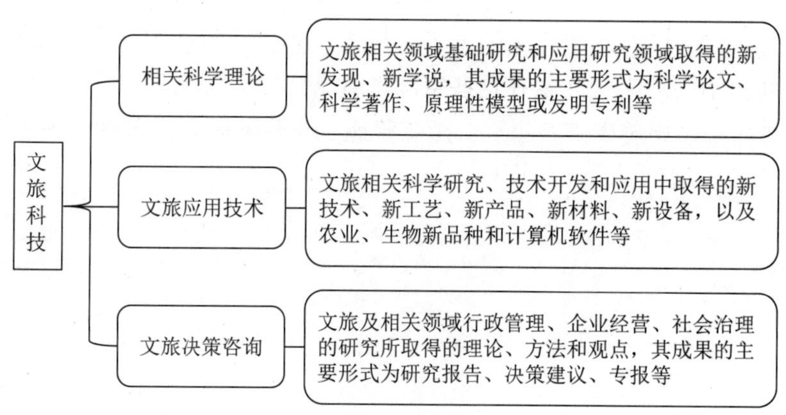

图 1　文旅科技内涵

二、 科技增大文旅融合的深度

文化内核可归纳为一个字：情（affection），是因外物引起变化的心理状态，“喜爱，感情；影响；感染”，如感情；异性之间相爱的心理状态及其事物，如爱情；有状况的意思，如事情。

旅游内核也可归结为一个字：景（landscape），风景、风光、景色、景致、景物、情景、景象、场景、风景画、局面、局势的特征。

科技深化文旅融合，深化情景交融。如图 2 所示，气象符号代表天文，地球图案代表地文，水文图案代表水文，人形图案代表人文。大数据、互联网、物联网、景联网，工业科技、农业科技、园林技术、商业科技、生物科技等，可以精准捕捉触景生情的质和量，精准传导景随人愿的路径，精准协调人景互动的频率，精准推送境由心造的喜好，适时预报旅游气象，提升景观建设质量，精细测度康养效能，科学预警空间平衡（如警报：百米内有新冠病毒，请保持安全距离）。这就是情景交融的轮毂模型，八条轮毂线，代表着科技深化、文旅融合的 8 条渠道。

三、科技拓展融合空间的广度

一般来说，文旅融合是指文艺、文物、出版、广播电视、电影、非物质文化遗产等与旅游的融合，是文旅之间消融壁垒，相互认同、激活与沉浸，融汇重构。文化和旅游部指出了“理念融合、职能融合、产业融合、市场融合、服务融合、交流融合”六大路径，为文旅融合提出了发展方向。旅游不仅是经济行为，还是提高生命质量的方式。旅游改善人们的生产、生活、生态。仁者乐山，智者乐水，提高了精神境界和生活质量。文旅融合五个目标：政治目标、社会目标、经济目标、生态目标和文化目标。政治目标是满足人们对美好生活的向往；社会目标是增加就业，促进公平；经济目标是转型发展，增加收入；生态目标是山清水秀，安居乐活；文化目标是喜闻乐见、走出国界，深入人心。基于以上认识，结合科技作用，文旅融合扩展到人文、地文、天文、水文四大空间领域（图 3），构建以人文聚落、地文景观、避暑或避寒度假胜地、滨水休闲区为主体的全域旅游空间。不同的文化元素在这些空间融合，转化为特色旅游城、旅游名村、旅游名镇、商旅游乐汇、旅游康养基地、旅游露营地、旅游风景道、旅游绿道等场景和故事，通过科技和艺术的创新，让游客感官、行为、思维沉浸其中，乐此不疲，产生独特的情感共鸣。

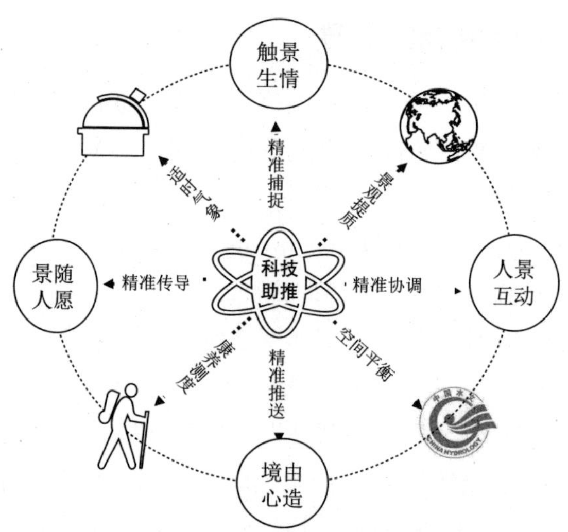

图 2　科技深化文旅融合的 8 条渠道

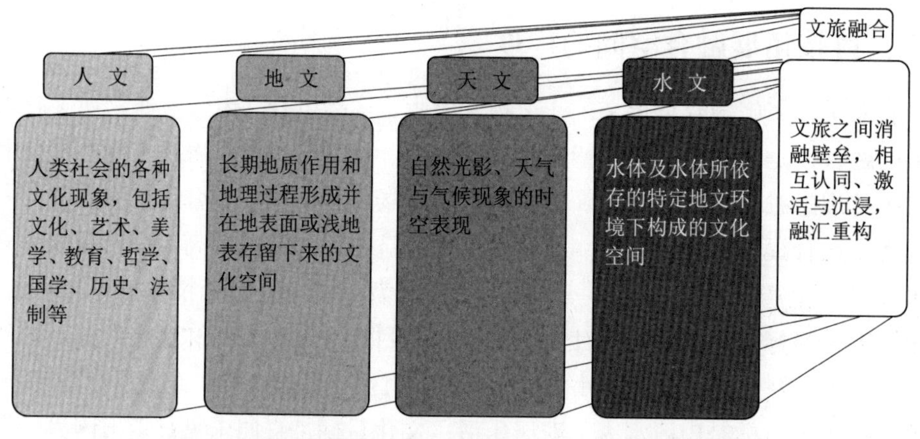

图 3　文旅融合扩展到人文、地文、天文、水文四大空间

四、科技助推文旅融合的情景交融机制

学者求是非，产生科学理论；官员求平衡，需要决策咨询；产业重利益，热衷应用技术；文人讲情感，追求文化情怀。作家追责官员，往往碰壁；企业讲情怀，大多赔钱；官员贪利益，迟早进去。有景才可观，先观后有念，见多才识广，视野广就格局大。雄鹰翱翔天空，无暇后顾，屎壳郎粪堆争斗，倒行逆施。科技探究天文、地文（景）、水文与人文事物间的联系（情），并应用于解决文旅问题。前者是景，后者是情，文旅融合，情景交融。这就是科技助推文旅融合的情景交融机制（图 4）。

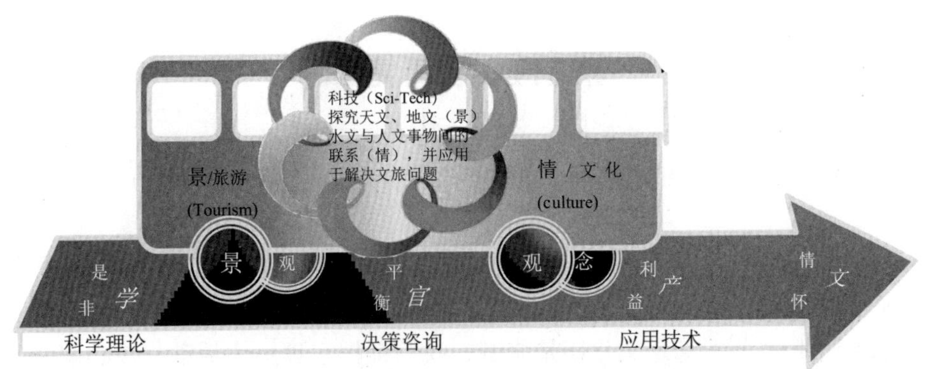

图 4　科技助推文旅融合的情景交融机制

本文对文旅融合的一个情景交融机制、“情”和“景”两个融合内核、“科学理论、应用技术、决策咨询”三大科技推手、“天文、地文、水文、人文”四类融合空间，政治、经济、社会、生态、文化五大目标、“理念、职能、产业、市场、服务、交流”六条融合路径，精准捕捉触景生情的质和量、精准传导景随人愿的路径、精准协调人景互动的频率、精准推送境由心造的喜好、适时预报旅游气象、提升景观建设质量、精细测度康养效能、科学预警空间平衡八种深化渠道做的初步探讨。

（作者系上海对外经贸大学会展与旅游学院教授、博士生导师，本文为其在2020年中国旅游科学年会上的发言，编辑部选用时略有删改。）

新科技与文化云

李　欣

（上海创图网络科技股份有限公司，上海 200072）

文化云主要是把一些文化的资源汇聚到云上，开展一些云上的服务，最近大家看的比较多的包括云展览、云演出、云课堂、云旅游，这些都是我们最近一直在研究并且首推的内容（图 1）。不管是文化还是旅游，我们都把它理解为活动，核心都是“看”，“看”可能是看景点或者是看演出，通过看、听，去体验，这就是文化旅游的活动。我们认为文化旅游活动的核心是玩法，关键是好不好玩。如果演出不好看，旅游景点不好玩，那可能游客就不会去，观众就不满意，所以从整个文化云设计的角度来讲，我们考虑的核心是如何能够把线下精彩丰富的活动搬到线上去。

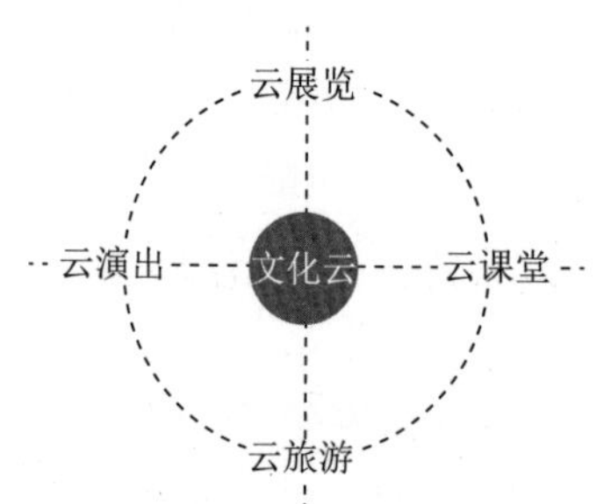

图 1　线上活动的组织策划形式和玩法

活动的核心是玩法，所以必须把这个玩法设计好。把博物馆的围墙拆掉就是旅游景点，把旅游景点封上一个围墙它就是一个博物馆。比如今年上海的 328 云上市民文化艺术节，疫情期间无法组织线下活动，往年这样的活动在线下会非常热闹，而今年我们通过云上的形式组织活动，有直播、导览、导购、对话等（图 2）。我们进行了全天 12 小时各个区县轮流不间断的直播，这一天共有 1000 万人次参与，形成了 16 个区 200 个街镇的云上大联动，从数据上来看，这样一种形式应该说效果十分不错。

另一个是今年 4 月 21 日，东莞云上文采会，云上的文采会也是一种文化活动的新形式，当天共有 452 个参展商进入了这个平台去推介他们的一些文化和旅游的产品，包括体育类的一些产品，也都采用了直播的形式，各个平台都在同步直播，包括非遗小姐姐也在推介东莞的一些非遗以及文创产品（图 3）。当日成交额有 159.8 万元，整个点播量有 316.9 万次，这就是新科技带来的文化新玩法。

- 12小时各区县轮流不间断直播
- 1000万人次参与
- 16区200街镇云上大联动

- 云剧场：100台剧目
- 云赛场：10场文旅赛事

图 2　328 云上市民文化艺术节

- 452个参展商
- 316.9万次播放
- 当日成交额159.8万元

图 3　421 东莞云上文采会

当然我们还会策划一些线上的活动，比如说通过人工智能技术让一些老照片变成 4K 的高清照片，比如说图 4 的这个照片就是我的高中学生证上面的照片，本来照片是很糊的，但利用人工智能技术以后它就可以变得很清晰。下面是毕业照，通过人工智能处理以后明显就变得很清晰，通过这样一些方式组织一些线上的活动，让大家变得非常踊跃，大家也觉得很好玩，所以通过这样的一些方式，我们让一些老的纪录片、视频都可以变得非常高清。

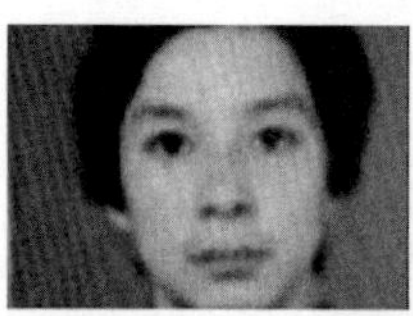
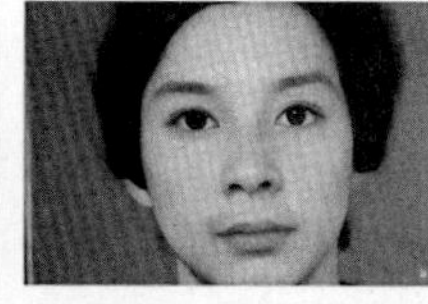

- 上传的学生证照片
- 上传你的中学毕业照
- 秒变4K高清照片
- 分享、展示

- AI高清视频转化
- 传承人
- 老纪录片

图 4　云上老照片展览

5G 开通以后，现在大家都在玩直播，我认为艺术培训是非常有价值的，超高清的直播，与老师面对面的教学，培训互动，多人连线，甚至可以实现云上艺考，这都是进一步的突破（图 5）。

- 超高清直播
- Art老师细致教学
- 多人连线
- 小班
- 云上艺考

图 5　5G 云上艺术学院

最后就是关于旅游这块的应用，我们对上海做过一个应用，通过超高清技术，加上 5G 的 VR 技术，可以看到无限放大的景象，当我们带着这个虚拟现实眼镜去看的时候，就可以身临其境地感受到这样的画面（图 6）。这样的 VR+5G 旅游模式能不能替代未来的门票经济呢？我觉得是有可能的，大家可以朝这方面去思考，可能未来这样一些新的体验，在新的技术的支撑下都会出现，我觉得它很有趣。

图 6　VR+5G 的旅游模式

文化和旅游应该就是给我们生命带来很有趣的东西，创图公司自创立便致力于互联网核心技术和自主知识产权的研发，我们创新研发“VR”压缩及网络传输方法，成功申报国家发明专利，打造了“永不落幕”的世博会。我们目前创建了城市文化数字化服务平台，并依旧在不断尝试一些新的技术应用在文化旅游上，为大家带来更多更有趣的文化旅游体验。

（作者系上海创图网络科技股份有限公司创始人、董事长，本文为其在 2020 年中国旅游科学年会上的发言，编辑部选用时略有删改。）

信息安全是旅游业高质量发展的重要领域

韩晋芳

（中国旅游研究院，北京 10005）

一、引言

近日，一位杭州女子因入住苏州维也纳3好酒店体验不佳而给了差评，从而引起酒店不满并被威胁泄露其开房信息。随后维也纳酒店通过其官方微博道歉称：已对涉事门店的门店总经理、前厅经理、当事员工进行严肃处理。这一事件虽是个案，但是却给游客信息安全再次敲响了警钟。

当前，信息技术改变了传统的生产生活方式并渗透到了各行各业，在给人们生活和企业生产经营带来极大便利的同时，也增加了信息泄露的风险。特别是旅游活动是人员的流动，在旅游业生产经营中更是会大量涉及游客个人信息，既包括游客签订合同、登记入住、进行消费时提供的个人资料，也包括游客的行为信息。这些信息一旦被别有用心之人掌握，就可能造成严重不良后果。

近年来关于游客信息安全方面的事件时有发生。2019年9月，河北省游客马某、孙某在张家界旅行过程中因旅游合同与旅行社发生纠纷并将其投诉。旅行社工作人员周某出于报复，故意把两名客户的电话信息泄露给推广网站，导致该二人遭遇广告推销骚扰电话轰炸直至正常生活受到严重影响。最终，周某因故意泄露他人信息被公安机关依法行政拘留。此外，多地发生的酒店摄像头偷拍事件也曾引起社会热议。

随着信息安全事件的频发，游客信息安全可能成为影响游客满意度进而影响旅游业高质量发展的重要领域。就在维也纳酒店事件新闻下的评论中，就有多人声称“不敢住了”，还有的评论说“不敢相信这样的商家，否则住店洗澡的裸体照就会出现在网上”。如果类似事件不断增多，整个行业的声誉都会受到影响。

二、信息泄露无处不在，无时不有，且呈上升趋势

安全和漏洞分析机构Risk Based Security（RBS）2019年第三季度欺诈报告称窃取个人信息继而进行网络欺诈的事件仍在全球蔓延。以网络钓鱼为例，其攻击最多的三个国家分别为加拿大、西班牙和荷兰，占总攻击量的68%（图1），中国进入全球钓鱼网站主机来源国家前十名，占比略高于3%[①]。

---

① Risk Based Security. RSA QUARTERLY FRAUD REPORT［R］. 2019，2（3）.

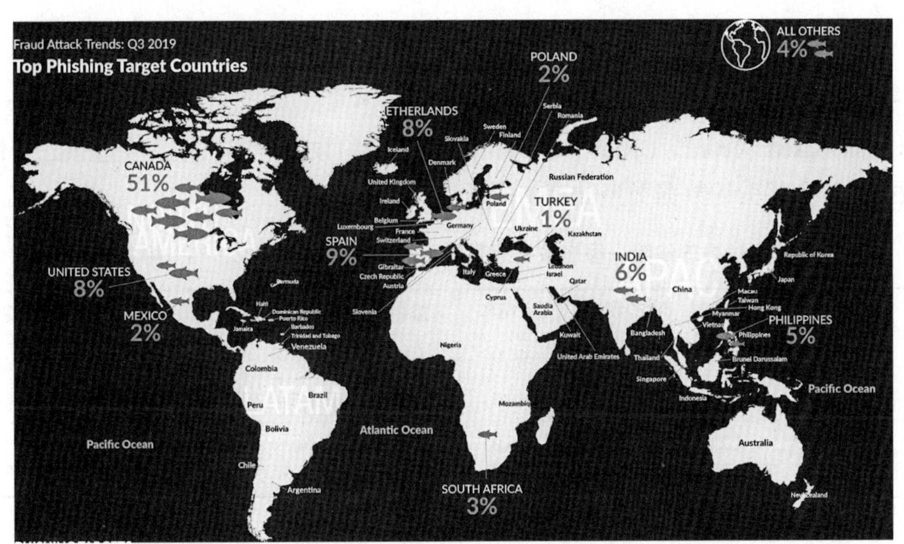

图 1　2019 年第三季度网络钓鱼攻击的重要目标国家（图源自 RBS1）

图 2 是 2012~2019 年每年的数据泄露事件数量和数据泄露中丢失的数据数量（以百万计）。无论是数据泄露事件数量还是涉及的相关数据的丢失数量，基本上每年都呈递增趋势，其中数据泄露事件从 2017 年起出现大幅增加，同比增长 60.38%，之后增速继续保持稳定。我们看到 2019 年报告了 7098 起数据泄露事件，仅比 2018 年增加了 1%，但是报告的数据丢失数量却超过 151 亿份，比 2018 年增加了 284%。所幸“虽然特定事件泄露的独特数据丢失总数很多，但面临风险的个人数据数量却少得多①”，负责风险安全的 RBS 执行副总裁 Inga Goddijn 说。

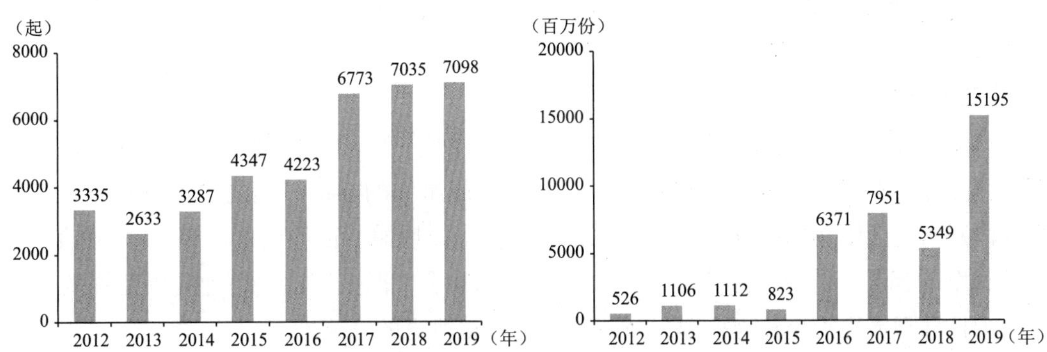

图 2　历年数据泄露事件数量（左）和记录丢失数量（以百万计）（右）（图源自 HNS 2）

① Help Net Security. In 2019, a total of 7，098 reported breaches exposed 15.1 billion records[EB/OL]，2020-2-11. https：//www.helpnetsecurity.com/2020/02/11/2019-reported-breaches/.

三、信息泄露的种类和行业

（一）种类

据 Risk Based Security（RBS）2020 年第一季度的数据泄露快报，在过去三年的第一季度数据泄露中丢失的数据类型如表 1 所示。

表 1 过去三年第一季度数据泄露中丢失的数据类型占比（%）排名表

排名	数据类型	2020年	2019年	2018年	排名	数据类型	2020年	2019年	2018年
1	电子邮箱	54.0	76.0	44.0	7	社保号	16.0	11.0	22.0
2	密码	49.0	70.0	40.0	8	生日	13.0	7.0	12.0
3	姓名	32.0	21.0	36.0	9	信用卡	10.0	8.0	16.0
4	未知项	24.0	6.0	12.0	10	医疗信息	9.0	4.0	7.0
5	混合项	21.0	17.0	17.0	11	账户信息	7.0	11.0	7.0
6	地址	16.0	10.0	20.0	12	金融信息	7.0	5.0	14.0

（数据源自 RBS①）

可能我们会本能地认为大多数攻击者会去偷信用卡数据或其他更有价值的金融信息，但表 1 表明在个人信息泄露中首当其冲的是电子邮箱、密码、姓名等各类访问凭据。在这组数据中，笔者发现颇让国民大众头痛的手机号码泄露问题没有上榜。这可能是因为相较其他国家的网民，国民更加倾向于用手机号码作为访问凭据。2018 年 8 月，企鹅智库通过企鹅调研平台对全国范围网民进行了精准抽样调查，随后发布的《中国网民个人隐私状况调查报告》中提到，在账号注册方式中，手机占比 49.8%，原因是认为手机的绑定性和安全性更优，34.1% 的网友则因注册成本低、可"一人多号"的优点选择用邮箱注册②。

（二）行业

从图 3 可以看出，全球范围内，2020 年第一季度中，卫生保健、信息咨询、公共管理和金融保险服务四个经济部门占据了总数据泄露事件的半壁江山之多。在我国，信息容易泄露的行业则集中在银行、教育、工商、电信、快递、证券、电商等③。虽然酒店、艺术和娱乐等服务行业数据泄露事件的数量不是很多，但由于这些行业在安全资源上投资较少且日常流程管控较为松懈，所以也存在数据泄露的可能性。

---

① Risk Based Security. 2020 Q1 Report Data Breach QuickView［R］. 2020.

② 搜狐 . 信息泄露多容易，你真不知道！一个手机号就能泄露所有私密信息，详细位置都能追踪！［EB/OL］. 2018-09-01. https：//www.sohu.com/a/251406275_168424.

③ 个人图书馆 . 个人信息遭泄露哪些行业"内鬼"最多？［EB/OL］. 2017-08-12. http：//www.360doc.com/content/17/0812/07/14567236_678561524.shtml.

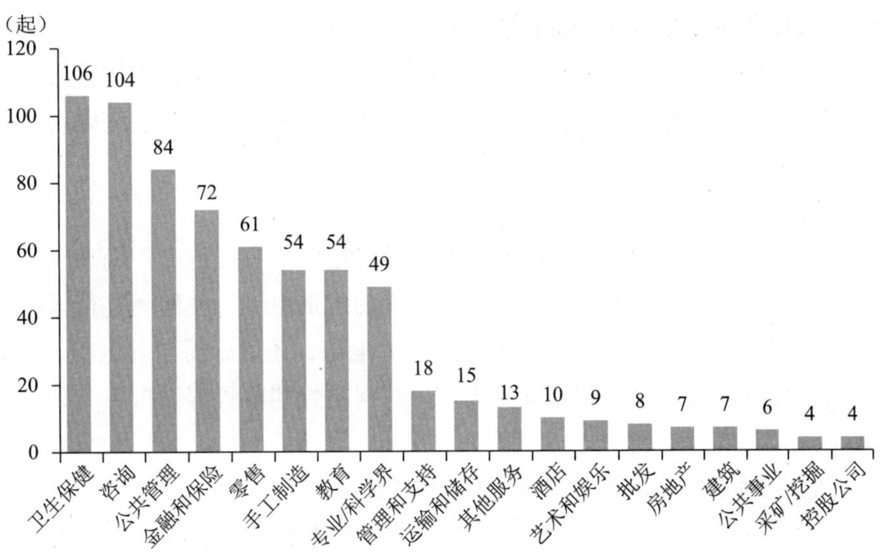

图 3　2020 年第一季度不同经济部门发生的数据泄露事件数量（数据源自 RBS3）

图 3 显示医疗服务业处于遭受破坏最多的经济部门的顶端。有网络安全报告称，这主要是因为内部从业者泄露了数据，“通常促使他们泄露信息的原因有经济利益，比如偷税漏税，或是利用偷来的数据开放信用额度（48%）；或是因为好奇或娱乐，想要窥视名人及其家人的私密信息（31%）；或是单纯的只是这些数据太易得到（10%）”。①

四、信息安全的高质量发展之路

高质量发展要求科技、创新、创意助力美丽中国梦的早日实现。但科技的发展是把“双刃剑”，因此在依靠科技的同时，我们也要意识到信息安全这一高质量发展的重要一环，并从国家、行业、个人多个层面入手，加强信息安全的保护：

（一）国家层面要加强立法和执法

尽快健全个人信息保护法律法规，出台专门法律文件，明确纳入保护的信息范围，对信息泄露事件的单位和个人进行从严处理。积极发挥电信运营商、银行、大型互联公司等平台作用，构建立体多维的打击体系，并与公安、工信、网信、司法等部门联防联控，持续保持高压态势，严厉打击违法违规行为。加大宣传教育力度，提高公民防范意识，并利用举报电话和举报平台，广泛发挥公民监督作用。

（二）行业层面要建立信息安全规范

企业层面要依法建立网络安全和数据合规的个人信息保护内控机制，规范用户个人信息收集使用，加强对用户个人数据存储和传输的安全保护和管理，加强个人信息泄露防范能力和技术处置能力。要对相关从业人员进行岗前培训，建立惩戒机制，杜绝企业

① 麻省理工科技评论. 卫生保健系统的网络安全糟糕，内部从业者导致的数据泄露十分惊人［EB/OL］. 2018-03-04. http：//www.mittrchina.com/news/1777.

内部泄露个人信息的行为。在法律规定范围内要遵循信息采集“最小化原则”（即采集的数量最小、利用的范围最小、查阅使用的人群最小）。有的酒店要求住客使用微信扫码办理入住，扫码过后住客的身份证、家庭地址、生日、邮箱、账号、密码以及银行账户等信息均在本人不知情的情况下被采集，从而埋下了安全隐患。

（三）个人层面要提高信息保护意识

要经常修改网上银行的密码，随时监控自己的信用卡和银行账户动态。个人在入住酒店或者参加旅游团的时候要尽量避免透露不必要的信息。入住房间进行仔细检查，尽量排除有针孔摄像头的可能。如果使用了房间的电脑，还要记得清除电脑“痕迹”。一旦发现个人信息泄露，要及时进行证据固定，并向主管和监管部门报告，必要的时候可以报警处理。

（四）充分发挥科技在游客信息安全保护中的作用

科技手段运用到位，可以在游客信息安全保护中起到重要作用。如同程艺龙曾经在平台上启动“订后即焚”功能，客户入住后第二天自动删除订单信息，这就可以起到有效保护用户个人信息的作用。现在市面上出现的科技加持的专业针孔摄像头探测设备，比如红外线热成像仪等，对于解决备受关注的客房针孔摄像头问题有一定的作用，缺点是价格不菲且携带不便。但如果能研发某种科技手段一键清查，肯定会大受欢迎。

（作者系中国旅游研究院博士后。）

基于5G消息下的旅游产业发展新模式的路径思考

崔 翠

（重庆市文化和旅游发展委员会，重庆 401123）

4月8日，中国移动、中国电信、中国联通联合举行线上发布会，共同发布《5G消息白皮书》。《5G消息白皮书》阐述了5G消息的核心理念，明确了相关业务功能及技术需求，提出了对5G消息生态建设的若干构想。未来，5G消息不仅为广大手机用户带来全新的信息消费体验，也将为旅游产业带来新的发展机遇。

一、5G消息业务概述

5G消息，是传统短消息服务的全新升级，是运营商的一种基础电信服务，相比传统短信业务功能简单、体验受限，已无法满足用户的多样化需求，5G消息基于IP技术实现业务体验的飞跃，支持的媒体格式更多，表现形式更丰富。

5G消息在继承传统短信免注册登录、免安装应用等特性的基础上，进一步实现了信息交互的便捷高效。此外，5G消息还支持加密传输、图形密码等信息交互方式，可提供信息安全保障，保护用户隐私。

根据《5G消息白皮书》，5G消息支持丰富的媒体格式，包括文本、图片和音视频等。相关业务分为两大类：一是个人用户和个人用户之间的交互消息，二是行业客户与个人用户之间的交互消息。个人用户与个人用户之间的消息还分为点对点消息、群发消息和群聊消息。5G消息业务和语音业务结合可实现行业客户、个人用户在呼叫前、呼叫中和呼叫后进行更丰富、多元的信息分享和互动，为行业客户、个人用户提供差异化的、更丰富的业务体验。

二、5G消息为旅游产业带来的变革和机遇

进入数字化社会，电信运营商传统的短信业务已经难以满足用户对信息消费多样化的需求。当信息技术再次迎来跃向5G的新契机，传统短信业务亟待趁势而起，来一场转型升级。在这样的背景下，5G消息应运而生，它打破传统短信长度限制，实现文、图、音视频、表情等融合，为旅游产业带来了变革期和机遇期。

（一）5G消息为旅游产业发展提供新的发展载体

5G消息是基于新一代信息服务国际标准打造的新型信息服务平台。相较于功能单一的传统短信，5G消息不仅拓宽了信息收发的广度，支持用户使用图文、音视频、位置、群聊等多媒体、多格式信息，更延展了交互体验的深度。5G消息以手机号为基础实现所有App的功能，不用安装，不用注册，手机即应用，用户在消息窗口就能完成服务搜索、发现、交互、支付等业务，构建一站式服务的信息窗口。5G旅游时代，政府和旅游经营

者不必依托其他平台，直接依托 5G 消息功能搭建一站式旅游服务信息窗口，直接为游客提供便捷、精准、智能的旅游服务。

（二）5G 消息为旅游产业开辟了新的收益获取空间

5G 消息业务在原生终端的消息窗口内实现，用户无须安装、注册 App 或者关注微信公众号即可使用业务，政府和旅游企业可以直接通过 5G 消息提供服务，更多的服务收益将产生于消息窗口内，无须为多个平台、多款终端做大量的适配工作，也无须支付更多的平台使用费用，有效减少中间环节，降低服务成本，提升企业效益。

（三）5G 消息为各旅游主体搭建友好、便捷的沟通桥梁

使用 5G 消息，政府和旅游企业可以将旅游服务和旅游产品直接送达游客，为游客提供更加直观、丰富的富媒体信息。游客可以通过 5G 消息的目录服务功能，以类似应用商店的方式对旅游产品和服务进行搜索和选择，更方便地对旅游产品和服务进行咨询和反馈，也可直接在消息窗口完成产品订购。5G 消息对于信息的直接获取相对于其他平台复杂的下载注册过程更能赢得游客的偏好，加之高效的互动沟通模式，使得游客更加青睐极速体验、便捷、友好的智能服务。

三、基于 5G 消息下的旅游发展路径思考

2020 年是 5G 大规模商用年，5G 消息业务的广泛普及将为广大手机用户带来全新的业务体验，也为旅游产业带来新的机遇，5G 消息 + 旅游，也必将实现旅游产业的再一次腾飞。作为信息化时代下的旅游产业，如何提前布局率先抢占市场份额，更多享受新技术红利，抓住新的发展机遇期，将很大程度考验政府机构和企业的智慧力和行动力。

（一）对接 5G 消息标准，在标准框架下生产旅游产品和服务

5G 消息基于 GSMA RCS UP 标准构建，实现消息的多媒体化、轻量化，通过引入 MaaP 技术实现消息的交互化，为用户提供统一、友好的接入技术标准，政府和旅游企业要充分利用 5G 消息的技术优势，主动对接 5G 消息的各项标准，增强旅游产品技术和内容的适配性。

（二）升级旅游信息服务，在 5G 平台下提供智能化一站式旅游服务

相比 3G、4G 的文本、彩信消息，5G 消息将是在大带宽、高速率和低延时的 5G 网络下的真正意义上的富媒体消息。作为政府和旅游企业，5G 消息情景下，可以为游客提供更为丰富的旅游信息服务。例如作为目的地旅游政府，可以通过 5G 消息，为游客提供智能化、全方位、交互式的旅游信息服务，尤其是通过漫游 5G 旅游消息服务和精准的大数据分析，实现对游客信息服务的全面精准送达，游客可以第一时间获取一站式目的地旅游资讯和服务，全面提升目的地政府的旅游信息服务水平。

（三）开拓产品生态链，拓展旅游产品深度和广度

5G 消息相较于传统短信业务是体验与服务的升级和革新，可以承载和衍生出更多样的 5G 应用服务，这种巨大的承载力和包容性将进一步激发“鲇鱼效应”，为既有的信息

服务生态格局带来更多活力。政府和旅游企业可以借助5G消息平台为游客提供旅游信息智能推送、广告宣传、预约订购、信息交流反馈、自身平台进入渠道等业务，以体验、服务、消费等方式拉长产业链、消费链，拓展周边衍生旅游产品消费，利用5G消息直接实现宣传营销和流量变现。

（四）优化产品内容，推动5G旅游消息产品的高质量发展

5G消息虽无须用户关注或注册即可直接送达，但是信息内容是否能满足游客的旅游需求，能否生产高质量的5G旅游信息，能否持续创作和输出优质信息内容，将直接影响旅游产品的生命力。因此，政府和旅游企业必须注重5G旅游消息产品的质量，深入分析产品特色、用户需求，开拓5G旅游消息新领域，为游客创作精品旅游信息，塑造产品IP价值，提升文化内涵，强化宣传营销的有效性。

（五）加大大数据应用，充分发挥科技创新和赋能作用

政府和旅游企业加大对5G信息旅游产品的科技研发投入，利用新科技，赋能新产品。大数据时代，我们需要对数据提取、共享、分析、利用，以便更好地服务于旅游产业的发展，通过大数据、“云计算”将5G信息精准送达用户，有效匹配用户需求，刺激旅游需求，实现5G信息的精准化、精细化推送。

5G消息的旅游应用前景广阔，充满想象，我们要充分发挥5G信息业务互联互通优势，助推旅游产业数字化转型发展，为旅游产业科技赋能提供新平台，为文旅产业融合提供新支撑，为旅游产业高质量发展创造新引擎。

（作者系重庆市文化和旅游发展委员会政策法规处工作人员。）

疫情常态化防控下研学旅行转型之路

蒋艳霞

（中国旅游研究院，北京 100005）

一、政策助力研学旅行快速发展

研学旅行是以中小学生为主体对象，以集体旅行生活为载体，以提升学生素质为教学目的，依托旅游吸引物等社会资源，进行体验式教育和研究性学习的一种教育旅游活动［《研学旅行服务规范》（LB/T 054—2016）］。中华民族自古就把旅游和读书结合在一起，崇尚“读万卷书，行万里路”。2011 年 5 月 19 日，我国首个“中国旅游日”即将“读万卷书，行万里路”设为活动主题。2013 年 2 月，《国民旅游休闲纲要（2013—2020 年）》（以下简称《纲要》）颁布实施，《纲要》首次提出“逐步推行中小学生研学旅行”的设想。2014 年 8 月，国务院发布了《国务院关于促进旅游业改革发展的若干意见》（国发〔2014〕31 号），首次明确研学旅行要纳入中小学生日常教育范畴。2016 年 1 月，国家旅游局下发了《关于公布首批“中国研学旅游目的地”和“全国研学旅游示范基地”的通知》，授予北京市海淀区等 10 个城市为“中国研学旅游目的地”称号、北京市卢沟桥中国人民抗日战争纪念馆等 20 家单位为“全国研学旅游示范基地”称号。2016 年 11 月，教育部、国家旅游局等 11 部门联合印发《关于推进中小学生研学旅行的意见》（以下简称《意见》），要求各地将研学旅行摆在更加重要的位置，推动研学旅行健康快速发展。

多项政策的出台为行业发展提供了利好，研学旅行市场需求不断释放。2013 年以来，研学旅行逐渐从小范围的试点发展到各省市积极开展，并被纳入中小学课程体系。随着研学旅行成为在校学生的刚需，研学旅行的学校渗透率迅速提升。中国旅游研究院的调查显示，75% 的受访者表示了解研学旅行，80%左右的人表示对研学旅行很感兴趣，六成左右受访者参加过研学旅行。其中，七成左右通过学校和教育机构参与研学旅行。从参加研学旅行的意愿看，70% 的人期望旅行时长是 6~10 天，人均花费能接受在 3000~10000 元的占 88%。北京、上海、成都、西安等热门旅游城市受访者中，愿意参与研学旅行的达七成以上。“十四五”期间，预计研学旅行市场总体规模将超千亿元。

二、新冠肺炎疫情对研学旅行影响巨大

2019 年 12 月暴发的新冠肺炎疫情给旅游业按下了“暂停键”，研学旅行是基于学生集体性活动、学习、旅行的综合项目，受到的冲击更是严重。2020 年 1 月 26 日，文化和旅游部办公厅发布《关于全力做好新型冠状病毒感染的肺炎疫情防控工作暂停旅游企业经营活动的紧急通知》，要求全国旅行社及在线旅游企业暂停经营团队旅游及“机票 + 酒店”旅游产品。2020 年 4 月 13 日，教育部应对新冠肺炎疫情工作领导小组办公室印发了

《关于新冠肺炎疫情期间暂停恢复大型体育活动和聚集性活动的通知》，要求新冠肺炎疫情期间暂停恢复学校体育单项赛事、综合性运动会等大型体育活动和聚集性活动。各地教育部门也纷纷发出紧急叫停研学旅行的公开信、倡议书。山东省在出台的《山东省中小学校2020年春季学期开学工作指南》中明确指出，小学课后延时服务工作可暂时不开展，中小学生校外综合实践、研学旅行工作暂不开展。疫情暴发使得文旅行业几近“冰封”，各地各学校均全面暂停研学旅行。

2020年5月，全国疫情阻击战取得了重大战略成果，我国疫情防控工作从应急状态进入到常态化防控状态。2020年7月14日，文化和旅游部发布了《关于推进旅游企业扩大复工复业有关事项的通知》，各省（区、市）文化和旅游行政部门在做好疫情防控工作的前提下，经当地省（区、市）党委、政府同意后，可恢复旅行社及在线旅游企业经营跨省（区、市）团队旅游及“机票＋酒店”业务。随着暑期的来临和多地恢复跨省游，全国旅游市场逐步升温。不过，由于研学旅行的特殊性和疫情防控需要，研学旅行市场行情仍不容乐观。2020年7月19日，北京市委教育工委、市教委发布通知，要求加强暑期疫情传播风险管控，北京教育系统不组织、不接待各类夏令营、研学旅行、社会实践等聚集性活动。研学旅行市场短时间内复苏希望渺茫，企业经营压力巨大，创业公司和小微企业更是处境艰难。

三、创新转型，推动研学旅行高质量发展

研学旅行作为旅游业的新热点和文旅融合的重要领域，市场空间广阔。在疫情常态化防控的新阶段，研学旅行市场主体不仅要迎接挑战，苦练内功，更要加快创新转型，为行业高质量发展添能蓄势。

（一）加强课程研发

研学旅行重在“研”和“学”，课程设置是研学旅行的重点，也是难点。2016年以来，随着研学旅行市场的迅速发展，越来越多的企业进入研学领域，一些传统旅行社也开始转型开展研学旅行业务，市场竞争不断加剧。拥有丰富的研学线路和专业的课程研发团队是研学旅行机构核心竞争力的重要体现。疫情期间，企业的业务量缩减，员工工作量减少，研学机构可以利用此机会提升自身专业化水平，加强精品课程开发。研学课程开发首先要紧密结合学校课程，把知识点融入文化旅游资源，其次还要适应后疫情时代的市场变化，充分考虑学校和家长的消费心理变化和疫情防护需要。另外，还要注意课程的落地执行问题，提前评估景区（点）的实际情况和学生的接受能力，避免出现落地难的现象。课程研发团队既要包括从事旅游业务的资深业务人员，还要吸纳活跃有创意的年轻人，并聘请专职教师做课程顾问，这样才能保证设计出科学、专业、符合市场需求的研学课程。

（二）加快研学导师培养

研学导师（也叫辅导员）是研学活动的重要构成要素之一，肩负着研学课程的具体

实施和落地任务，对研学旅行活动的目标实现，发挥着举足轻重的作用。研学导师不同于传统旅游中的导游，在讲解风格和知识储备方面都存在较大区别，对从业人员提出的要求更高。研学导师是综合性人才，既要具备导游的基本技能，又要具备教师的文化积淀，同时还要具备拓展能力，能现场调动孩子的积极性。大学生的创新能力和学习能力都较强，是研学导师队伍的重要组成部分和培养对象。2019 年 10 月，教育部下发《普通高等学校高等职业教育（专科）专业目录》，确定 2020 年起各高校将增补研学旅行管理与服务专业。同时，应加强在职员工培训，多形式多渠道培养能够胜任研学旅行工作任务的高素质、专业化、创新型的研学导师队伍。

（三）创新经营方式和产品形式

疫情对旅游业的经营方式、产品开发、营销手段等都提出了新要求，研学旅行也不例外。随着市场的逐步复苏，线上线下融合发展成为重要方向。疫情之后，学校和家长更加关注安全因素，研学旅行机构应控制团队规模，主打小团队定制、自然教育等，以更好地适应市场需求和变化。相对于跨省游和出国游，周边游的安全系数较高，更容易为大家所接受，研学旅行机构应做好周边游产品开发和服务，深入挖掘周边特色资源，设计深度研学课程，让孩子们发现更多身边的美。根据防疫要求，预计短期内群体性活动将仍然受限，学校的社会实践类活动、需要集体外出的活动将更多采用线上线下结合的方式实现。研学旅行机构可结合线上博物馆、智慧旅游等，研发专题产品，推出云旅游服务。经历了一学期的“停课不停学”，大家对在线教育的接受度大幅提升，为线上研学产品的推行创造了有利条件。

（四）建立健全行业标准

研学旅行同时具有旅游和教育两个属性，是以旅游为基础的教育实践活动。由于缺乏相应的标准，行业门槛并不高。近年来随着市场规模的不断释放，很多旅行社、教育机构、文旅企业纷纷加入研学行业，市场竞争日趋激烈，产品良莠不齐，价格战时有发生。课程内容针对性不强、研学导师缺乏资质认定、接待服务标准不明确等问题突出，亟待规范。目前，研学旅行行业尚无国家级标准，原国家旅游局发布的《研学旅行服务规范》（2016 年 12 月 19 日发布，2017 年 5 月 1 日起正式实施）内容全面，但尚待进一步细化。武汉是全国首个规范中小学研学旅行标准的城市，2018 年 10 月武汉市旅游发展委员会和武汉市教育局联合公布了《服务机构评定与服务规范》《研学基地评定与服务规范》和《研学导师评定与服务规范》3 个考评标准。研学旅行作为旅游产品的升级服务和教育服务的分支产品，需要文旅部门和教育部门联合行动，优势互补，加强管理和指导力度，尽快建立相关标准，推动行业高质量发展。

（作者系中国旅游研究院政策与科教所博士。）

旅游领域的科技发展：回顾与展望

唐晓云[1]，戴慧慧[1]，彭　建[2]

（1. 中国旅游研究院，北京 100005；2. 中央民族大学，北京 100081）

摘　要：科技在旅游业发展史上一直发挥关键作用。近20年来，以信息技术、通信技术、高速交通等为代表的关键共性技术的发展提升了旅游行业现代化水平，改变了旅游活动的组织方式、旅游服务形式、旅游业组织架构，推动了旅游商业模式创新、产品和业态创新，并由此形成了新的劳动分工和职业岗位，大大提升了旅游行业生产效率和公共管理服务效能。

关键词：旅游；科技；业态创新；产业服务

一、过去20年旅游领域的科技发展

20世纪80年代以来，科技日益成为旅游业发展的关键生产要素。旅游业与互联网、通信、计算机软硬件、装备制造、大数据、环保等通用技术有效融合发展，逐渐形成了我国旅游领域的科技体系，涵盖了前端面向游客的服务技术、面向旅游企业的服务生产运营及行业管理和公共服务，以及后端的技术支撑，在游客出行的组织方式进化、企业旅游产品和业态创新、商业模式和思想跃迁、公共服务和管理等方面带来深刻影响[1]。

（一）需求导向的科技供需体系初步形成，全球竞争进入新赛道

市场需求是推动技术扩散的基本动能。过去20年，围绕广义旅游产品和服务供应链，全球旅游科技体系已经基本成型。旅游相关基础环境技术、旅游企业技术、旅游行政和公共管理技术是其中三个重要组成部分。旅游相关的基础环境技术包含于道路交通、通信、医疗、厕所、救援、金融、公共建筑等子领域技术当中。旅游企业技术是本领域技术发展的核心，主要包括旅行服务、住宿、景区（点）、旅游商品、旅游装备制造、旅游演艺等行业技术，其技术类型包含旅游信息化技术、旅游展陈技术、旅游装备制造技术、旅游资源和环境保护技术等。旅游行政和公共管理技术主要是新一代信息技术、物联网技术在市场监管、客流监控和安全疏导、营销推广等方面的应用。

旅游领域的全球科技竞争正在进入新赛道。在全球旅游科技格局中，我国旅游领域的科技创新态势呈现少数“领跑”、部分“并跑”、多数“跟跑”的局面。新一代信息技

［基金项目］本研究受文化和旅游部科技教育司“十四五”旅游领域的科技发展战略研究课题资助。

［作者简介］唐晓云（1976—），女，广西桂林人，管理学博士，现为中国旅游研究院副院长、研究员，研究方向为旅游数据及产业经济运行分析，科技与数字经济创新，E-mail：xytang@mct.gov.cn；戴慧慧（1988—），女，江西九江人，工学硕士，现为中国旅游研究院统计所助理研究员，研究方向为旅游统计及市场分析，旅游科技与数据建设；彭建（1975—），男，贵州遵义人，地理学博士，现为中央民族大学管理学院教授，研究方向为旅游规划和旅游可持续发展。

术是我国旅游领域技术创新最活跃的组成，也是市场化程度最高的领域。在人工智能旅游定制及推荐、移动互联网、移动支付、机器人客服和直播营销等领域处于“领跑”位势。旅游住宿业领域的技术应用主要有旅游预订和管理信息化、住宿节能减排两个方面，总体处于“跟跑”位势，以“泊来”为主。景区（点）、主题公园、旅游装备制造、旅游演艺娱乐等领域主要是装备制造技术、展陈技术与旅游信息技术的融合集成，这些领域整体处于“跟跑”位势。旅游装备制造技术方面的劣势相对突出。

（二）互联网技术推动旅游市场、旅游产业深刻变革

互联网技术推动形成自主出游的组织方式，加速了旅游市场的散客化、大众化进程[2]。我国从 1994 年开始全面引进互联网技术，新浪、搜狐、网易等基于 Web1.0 技术的三大门户网站相继成立，开启我国的互联网时代。1999 年国务院决定增加法定休假日，形成了春节、劳动节和国庆三个假日旅游“黄金周”，极大激发了人民群众的旅游热情。同期，以携程、艺龙、去哪儿等企业创立为开端，开启了我国在线旅游服务的新时代。信息技术和互联网让人们可以通过在线旅行商（OTA）自主预订酒店和机票，改变旅游服务生产和消费中的信息不对称问题，打破了国民出游需要通过旅行社团队出游的组织方式，彻底改变了传统旅行社业在人们出游过程中的主导作用。互联网技术的应用使旅游领域创新形成平台经济，出现了在线客服、呼叫中心、广告推送等新产品和新服务。随着新千年后互联网技术进入到从搜索功能向社交网络发展的 Web2.0 时代，用户生成内容（UGC）开始盛行，以马蜂窝、游多多为代表的社交型在线旅行商相继出现。社交型在线旅行商的发展及互联网技术在酒店、景区、交通等旅游供应链的技术扩散，为以 7 天、如家、汉庭、锦江为代表的经济型连锁酒店崛起创造了技术和社会条件，加速了中国大众旅游的发展进程。

移动互联网大幅推进基于共享理念的商业模式发展。2009 年，互联网技术进入 Web3.0 时代向移动互联网迈进，智能手机逐步兴起。随着以 12306 火车订票、携程、途牛、驴妈妈等为代表的预订服务手机客户端上线，“说走就走”的旅行成为可能，与信息技术发展而同期成长的“80 后”“90 后”年轻一族也随之成为中国乃至全球旅游市场的主导者。旅游消费需求也加速从标准化的旅行社产品，向个性化、品质化、家庭化、多元多层次的非标消费和消费升级演化。个性化、品质化、家庭化的消费需求和移动互联网技术的同频共振促进了基于共享思想的商业模式的形成。途家、易到用车、一嗨租车、滴滴快的、共享单车等共享业态不断涌现，携程、驴妈妈等相继发布高端旅游品牌，以妙计旅行为代表的依靠技术手段实现旅途个性化在线定制企业出现，极大扩宽了旅游领域跨界融合的通道。

（三）高速交通技术发展极大拓展了旅游活动的位移空间

作为一种空间位移活动，交通技术对旅游发展举足轻重。过去 20 年，高速公路、高速铁路和大体飞机发展延伸了游客出行空间、提升了出行效率，直接推动旅游行业布局从点状到现状演化。旅游企业不断沿线聚集，将全国旅游客源地和目的地连接在一

起，形成旅游网络图谱。首先，公路网络连接客源地与目的地，为旅游活动创造了条件。《“五纵七横”国道主干线系统规划》于1993年印发，《国家高速公路网规划》于2004年经国务院常务会议审议通过，《国家公路网规划（2013—2030年）》《交通强国建设纲要》相继印发，系列公路利好政策和技术提升创新助力全国高速公路网建设，全国的旅游目的地从点连成线，渐成网络。其次，高速铁路发展大幅促进了“快旅慢游”发展。2004年《中长期铁路网规划》印发，2006年研发CRH系列动车组实现时速300km/h的技术突破，为京津城际铁路、武广高铁、京沪高铁、京广高铁、兰新高铁、广深港高铁等开通提供技术保障，推动中国铁路进入高速时代。根据中国旅游研究院专项调查显示，国庆假日期间高铁和自驾出游的占比超过六成。此外，民航的发展为游客提供远距离旅行条件。2002年中国航空集团公司、东方航空集团公司等6大集团公司组建，民用航空航线从1999年的1115条增加到2018年的4945条，从技术和规模上帮助游客拓宽旅行距离。国家统计局数据的显示，过去20年随着铁路、公路、民用航空里程的增加国内旅游人数加速增长。

（四）大数据、人工智能等新技术引领旅游业现代化进程

以人工智能、5G、物联网等为代表的新一代信息技术与旅游行业融合加速，在为游客提供智能化、便捷化、安全的旅途服务及产品和业态创新方面开创了新局面。2015年以来，大数据技术的成熟和发展带动人工智能技术迅速发展。之后，政府政策频繁出台，引导大数据技术不断与市场融合发展。微信、支付宝便捷支付带领人们进入“无现金”的日常生活，无人商店、人脸识别支付、二维码扫码服务等为旅途提供智能数字化服务。近年来，旅游产业的数字化转型也呈现加速趋势。景区、酒店纷纷与智能科技相结合为游客提供更加优质的智能体验服务。诸如景区景点机器人服务、机器人导览和讲解、VR/AR体验，无人酒店、酒店内人工智能助手，语音拍照翻译软件等深度进入旅游的各个环节，科技点亮整个旅途，也撑起旅游业的现代化进程。

（五）面向高质量旅游发展的科技创新发育不足

我国旅游领域的科技发展还有很大空间，存在“三多三少”和“六个不足”。基于旅游业的综合性特征，当前旅游领域的技术应用主要是集成创新为主，技术创新集中在供应链末端的服务界面居多，面向服务和产品生产全流程的少，综合效能差。技术模仿创新的多，原始创新的少。重视科技应用“物化”的多，基于人文关怀的少。同时，旅游科技还存在面向散客化市场的便利化和安全化出游创新应用不足，对旅游发展的自然和物理环境技术支撑不足，对老人和小孩等特殊群体关注不足，高端装备制造技术发展不足，企业对旅游科技研发投入不足，旅游创新体系的政策支持和创新体系发育不足等问题。

二、旅游领域的科技发展趋势分析

（一）数字化及其相关技术将主导旅游业升级进程

全球数字经济蓬勃发展，在各国国民经济中逐步占据核心地位。根据中国信息通信研究院 2018 年发布的《全球数字经济新图景》报告，47 个国家数字经济总规模超过 30.2 万亿美元，占 GDP 比重高达 40.3%，其中中国保持全球第二大数字经济体地位，规模达到 4.73 万美元。服务业的数字经济在整个经济体比重占比最高，旅游业作为服务业的重要组成部分，数字经济的发展是顺势发力，已然成为文化和旅游产业发展的新动力[3]。中国旅游研究院《2019 中国文旅融合数字创新发展报告》显示，60% 左右的成熟互联网用户认为数字经济会成为未来文化和旅游的主要经济形式和主要增长点，在数字经济快速发展的互联网下半场，文化和旅游融合的数字创新正在迎来前所未有的历史机遇，数字化及其相关技术也将成为主导未来产业升级的关键技术。

（二）面向文化和旅游融合的特定技术将不断创新发展

文化和旅游融合发展为技术创新提供了广阔的应用场景。文化场馆的数字化建设，旅游演艺借助技术力量着重文化内容的打造，夜经济下的饮食文化、休闲文化的挖掘探索，文创产品的科技创新，文化艺术的数字展览，新媒体、新媒介对文化艺术的新表达，非遗等文化艺术结合新技术全新呈现，等等，为技术应用创新有了更多用武之地，让人们在平凡的旅途中享有更多有品质的文化产品，增加旅途中的获得感和幸福感。5G、虚拟技术（VR）、增强现实技术（AR）、全息技术等新型科技为艺术带来不一样的创作源泉，也为艺术的表达提供全新的展现形式，进一步促进文化和旅游的深度融合。科技、文化和旅游的三者结合，赋予文化作品新的内涵展现形式，结合旅游活动形成具有科技感的文化参与模式，为游客提供互动式的、科幻的文化旅游体验。随着日常生活中科技应用场景的普及，大众对科技需求呼声倍增，从旅游典型业态景区、旅行社、酒店的科技应用，到城市文化休闲活动、数字艺术的产品创新，文化和旅游的融合发展无不体现科技的身影。

（三）旅游装备制造、生态环保技术将迎来发展新机遇

智能家居生活已经成为新一代年轻人日常生活的重要部分，尝试不同科技项目正在成为游客消费新的增长点。旅途中的智能机器人、娱乐机器人、智能腕表、VR/AR 眼镜、穿戴式设备、智能导览等智能服务和娱乐装备技术不断为游客带来智能化、便利性新体验，可望在未来将逐步成为旅途中的必需品。景区、酒店、机场、城市公共休憩空间纷纷部署智能技术装备，改善目的地服务体验，提升旅游公共管理和治理水平。北京大兴机场、雄安新区市民服务中心等科技含量高的城市地标已然成为新型的游客网红打卡之地。低空飞行器、地效飞行器、无人驾驶车船、房车营地等水面、地面、低空装备，以及冰雪、山地、水上运动等装备将伴随体育旅游、山地旅游、海洋旅游、房车营地旅游和低空旅游发展迎来发展机遇。此外，面向“五位一体”的发展总体布局，伴随生态环

境保护的要求持续推进和低碳发展模式的逐步形成，旅游领域的节能减排、生态环境技术将有望实现大发展。

（四）旅游目的地将依托智慧城市发展开启新一轮技术升级

依托各级政府部门智慧城市检核和全域旅游发展升级，建立便捷、安全、智能化的公共休闲社区成为城市旅游建设的目标。在5G、人工智能、物联网等共性技术的支撑下，城市智能交通导引、智能休闲社区、数字博物馆/艺术馆、智能信息系统监管平台、面向每个游客定制化营销体系等不断满足市民和游客品质生活需求的智慧化工程都将有望被重点布局。为吸引游客，保障游客更加智能化、安全性、便捷性服务，全国各主要旅游目的地将开启新一轮旅游技术升级。

（五）新技术演化和旅游业高质量发展推动智能旅游时代的到来

以需求为主导是旅游科技领域的发展主线。恩格斯在《恩格斯致瓦•博尔吉乌斯》写道，“社会一旦有技术上的需要，这种需要就会比十所大学更能把科学推向前进”。无论是品质导向的新消费主义生长，还是更加安全、更好体验的需求呼唤，科技无疑将在未来的旅游发展的重要动能。我国旅游业如要在新一轮全球旅游产业价值链中寻求更高位次，需加快培育以市场为主体的技术研发和应用体系，以此带动行业的全面升级。为此，未来的旅游领域科技创新，从需求方面要面向品质服务开启旅游技术创新之路；在供给方面要使数字成为流动的生产要素，加快旅游企业的数字化转型。通过数字的多链融合与服务场景叠加应用，加快建设共享共建的数字基础设施，将5G、先进分析、区块链、人机交互、物联网、人工智能等先进技术深入扩散到旅游企业的管理流程、运营流程、服务供应链条、产品和服务创新、城乡跨区域供应、线上线下服务融合等领域，尤其是应用到景区、主题公园、酒店、旅行服务商的服务生活化、专业化衍生当中，商业模式的新场景创新当中。随着新技术在旅游领域创新应用，旅游业的智能时代也将随之而来。

三、政策建议

（一）推进政府、业界、行业发展思想观念的转变

科技正在改变生活，我们的产业服务对象已经先于产业进行了现代化、信息化提升，服务对象日益增长的品质化旅行消费诉求与现有制度安排下产品和服务的供给水平日渐背离，高效公共服务管理水平的提升急需通过科技创新来完成。无论是政府、业界，还是行业发展方面，应该尽快转变思想观念，把技术创新作为旅游企业发展的新动能，用科技手段来提升和改善旅游公共管理及旅行服务品质，通过科技来推动旅游产业的整体现代化水平。

（二）以政策推动行业层面对市场需求的响应

中国旅游研究院专项调查显示，超过90%的游客愿意花更多的钱或时间去体验旅游科技。游客对以科技提升出行便利性、安全性、品质和体验感的需求随着5G、人工智能等先进技术发展不断提高，而旅游相关企业的技术响应还更多地停留在硬件的炫技上，

与市场需求相去甚远。例如，目前仅有少数景区、酒店采用科技手段减少游客等待时间，且便捷程度和广度有待加强。以景区的电子票为例，许多景区电子票据仍然需要现场或者提前换纸质票入园，即买即用服务稀缺。许多景区、博物馆、酒店、机场等场所启用的机器人服务和科技体验项目，大多数交互性不强、缺乏内容创新、服务价格贵，且排队时间长，很难让游客真正享受旅游科技带来的品质服务。基于旅游企业市场高度分散，中小企业占绝大多数，企业的现代化提升成本高，需要通过文化和旅游及科技部门的政策引导，在专项资金支持、试点示范引领、财税优惠等政策促进来提升技术扩散进程。

（三）规范大数据采集使用，保障游客合法权益

在线旅游业伴随着互联网的发展而创立，旅游市场主体不断通过技术创新满足游客的个性化、智能化、便利性需求。但在缺乏政府监管的前提下，特别涉及旅游数据采集和使用方面，市场乱象明显，非法采集游客脸部等生物数据、利用游客个人消费数据进行“大数据杀熟”等现象仍时有发生，游客合法权益遭到侵犯。亟待规范大数据标准和数据使用伦理，保障游客合法权益，促进数字生态建设的稳定性和行业发展的可持续性。

（四）促进旅游科技创新人才培养

旅游科技大部分是旅游结合共性技术的集成应用，或者再造场景应用，各环节专业了解科技的旅游工作者稀少，对先进科技进行旅游领域创新研究开发的人才稀缺。需要政府主管部门推动培养研究科技的旅游工作者，为旅游量身打造适合旅游自身发展的旅游科技，更好地从需求出发提供更加适合的科技服务和科技创新。

参考文献：

［1］唐晓云.旅游业发展将迈入科技引领时代［N］. 中国商报，2019-07-24（A03）.

［2］唐晓云.信息技术推动我国旅游产业转型升级的探讨［J］.商业时代，2010（25）：122-123.

［3］戴斌.数字时代文旅融合新格局的塑造与建构［J］.人民论坛，2020（Z1）：152-155.

旅游教育共同体：基于就业力目标导向的人才培养成效研究

王志文，陆　云

（桂林理工大学旅游与风景园林学院，广西 桂林 541004）

摘　要： 成果导向教育（OBE）已经广受欢迎，但评价成果的达成度在操作层面比较困难。最新的《旅游管理类教学质量国家标准》培养目标太过宽泛而无法指导人才培养的教学过程。文章以大学生对就业力的元认知为目标，课程成绩为自变量，使用因子分析、聚类分析和回归分析的统计方法，验证了就业力和课程类型的构成逻辑，探究了课程成绩与就业力的相关性，并建构了就业力和课程成绩之间的回归模型。从中观层面上对专业课堂教学的客观评价展开了有益研究，深化了 OBE 理念的实证环节，为专业人才培养过程的目标实现提供了一个简易可行的评价路径。

关键词： 成果导向教育；专业目标评价；就业力；旅游教育共同体

在“双一流”和《普通高等学校本科专业类教学质量国家标准》背景下，不同高校的不同专业在国家标准的基线下需要有各自明晰的专业人才培养目标。培养目标的有效实现不仅仅需要教育部专业委员会的评价反馈，也需要动态地把握学生需求、监控人才培养质量，以对课程目标和阶段性目标进行动态调整。然而目前各高校对教学质量的评价要么与人才目标关联性不大，要么评价太过复杂，操作不便。究其原因有二：一是各高校组织的教学评价关注点在教学效果上没有关注到人才培养目标的诉求，二是评价涉及的主体太多，包括学生、同行、专家、领导、行业等，开展一次费时费力。教研室是执行人才培养的基本单元，向上需要消化学院、学校的评价结果和教学政策，向下需要对老师的教学和学生的学习进行有效指导。因此专业人才培养方案需要有一个简便易行的评价方法去验证“教与学”与人才培养目标的偏离性。

2018 年教育部下文《旅游管理类教学质量国家标准》，认为培养目标是：培养掌握旅游管理基础理论、专门知识和专业技能，具有国际视野、管理能力、服务意识、创新精神，能够从事与旅游业相关的经营、管理、策划、咨询、培训、教育等工作的应用型

［基金项目］广西高等教育本科教学改革工程项目“专业认证背景下旅游类特色人才培养研究与实践”（2018JGA184）；广西高等教育本科教学改革工程项目“认证背景下地方高校旅游管理类本科卓越人才培养探索与实践”（2019JGZ124）。

［作者简介］王志文（1980—），男，江苏靖江人，桂林理工大学，副教授，东北财经大学旅游管理博士研究生，研究方向为旅游高等教育和旅游体验，E-mail：KevinWang@glut.edu.cn；陆云（1980—），女，广西桂林人，桂林理工大学酒店管理系副主任，博士，副教授，研究方向为旅游心理与行为和酒店人力资源管理，E-mail：46736573@qq.com。

专业人才。此目标为打造中国旅游教育共同体奠定了基础。但由于涵盖内容过于宽泛，要求层次过于全面，对于一般院校的教学指导受到了很大局限。故本文旨在建立以学生为中心的教学效果评价模型，用以评估 OBE 教育模式中的学习产出，发现专业学科成绩与大学生就业力目标要求之间存在的问题，动态地跟踪酒店管理本科教育质量以及解决毕业生就业力问题，为专业培养方案改革提供有效证据和有力的信息反馈来源。

一、“双一流”背景下我国高等教育专业评价面临大机遇与挑战

自 20 世纪 30 年代以后，美国、欧洲和日本的高速发展都离不开对人才的吸引与培养。2013 年，习近平主席在访问哈萨克斯坦提出“一带一路”倡议后，人才已经成为属于世界和全球的公共产品。在这个惠及世界的发展战略和中国崛起进程中，高等教育不仅仅意味着人才的培养，也要求对人才的吸引。因此，在审视全球高等教育之后，发现美国的工科认证体系已经成为工程专业全球公认的认证标准。在此背景下，我国高等教育面临以下三个机遇和挑战。

其一是庞大的在校人数与人才输出质量之间的供给侧不平衡。2017 年我国在校总人数 3779 万，各类高校 2613 所。2018 年 9 月，习近平主席在首次召开的全国教育大会上提出教育的三个根本问题，即培养什么人、怎么培养人和为谁培养人。同年陈宝生强调高等院校要把人才培养的质量和效果作为检验一切工作的标准，要淘汰“水课”“淼课”，建设“金课”。可见，“快乐”大学的人才输出标准与国家需求已经呈现出供给侧不平衡的状态。于高等教育而言，首要的机遇与挑战就是要在我国经济社会建设中找准自己的定位，并用有效的人才培养方案培养出党和国家所需的人才。具体来说，一是要明确高校的定位，是服务“一带一路”、国家、地区还是本地；二是要为高等教育之间的自由流动创造条件，也就是学生转专业、转校的过程中，学分如何互转的问题；三是有效的人才培养方案能不能像美国的工程认证一样得到全世界的认同，建立中国高等教育的国际标准。

其二是我国软实力的提升与高等教育标准化发展不同步。改革开放 40 多年，我国经济、文化、政治、生态等方面都取得了卓越长足的发展，而高等教育的标准化在国内和世界上发展相对落后，主要表现在我国高等教育各专业目前的主要课程包括通识课、专业基础课、专业核心课、专业必修课和专业选修课等几类。同样的课程，不同院校和不同地区之间的教学成效如何评价？在转专业、转校、修第二专业之时，课程和学分应该如何有效互认？若要和国外联合办学、考取国外研究生、录取外国留学生的时候学分和能力如何核定？以上问题的解决亟须建立一个相对客观的评价和考核标准，为人才的培养和流动奠定坚实的基础。

其三是“一带一路”倡议的全球响应与我国高等教育专业标准的输出不匹配。随着我国在“一带一路”发展中核心地位的确立，高等教育不仅仅要关照国内的发展，同时也要关注相关利益国家和相关利益群体的发展。在共同建设高等教育体系和人才评价标

准时，除了现有的美国标准、英联邦标准之外，更需要有中国标准。这个标准是以中国的价值观建立，且需要被相关利益群体认同并践行的。

综上，自改革开放40多年以来，我国高等教育逐渐开始探索适应新国情和新发展的中国式高等教育模式，并在新的世界格局中扮演着举足轻重的角色，机遇与挑战都是前所未有的，在这一转捩点上对我国的高等教育以及我国教育对世界的影响都至关重要。自2003年伊始，教育部组织全国92个专业开始制定《普通高等学校本科专业类教学质量国家标准》(以下简称《国标》)，并于2018年付梓执行[1]。《国标》突出以学生为中心、产出导向和持续改进。并强调“标准为先，实用为要”，那么标准执行的程度如何检测呢？除了各专业教职委专家进行考核，高校在使用硬性标准的同时，也需要有一个客观动态的自我评价和完善体系。成果导向教育（OBE）理念是迎接挑战和抓住机遇的不二首选。

二、成果导向教育、大学生就业力与人才培养课程体系的关系

（一）成果导向教育理念在高等教育评价中的优势与劣势

成果导向教育理念由美国学者斯帕蒂（Spady W.D）提出[2]，最开始是在医学领域得到广泛推崇，因为对于救死扶伤的医学专业毕业生而言，在走向手术台能掌握通用的救人标准是必须要达到的要求。后其他专业逐步开始借鉴这一理念，并获得了高等教育界的广泛认可。

成果导向教育的起点是学生接受完一个教育项目①之后应该达到的能力，因此最终成效和素质直接决定教学内容、教学进程、教学方法与战略。教学项目包括教育环境和评价策略。所有的课程和教学决策都以实现和达成最终成效为准绳。主要由成果目标的制定、成果细分与描述、达成路径的选择、过程与结果评价、完善机制五个部分构成。成果目标的制定要求目标清晰、明确，能界定清内容、情境和技能。如美国医学专业认证委员会要求医学毕业生的成效包括一系列能力素质，包括对病人的关怀、医学知识、基于实践的学习和提升、系统实习、自我管理能力、沟通能力和专业性几个方面。对成果描述要求每个教育项目的不同层次都应该具有各自的基准。每个基准所指代的技能必须向学生展示，基准应当可以达到，并通过不同课程的目标从不同侧面具体实现，最后还需要在学习结束后评价学生是否达到目标。达成路径的选择比较有效的是全班模型(whole-class model)，该模型可以在学习之前把所有的学生根据不同进程和学生基准水平分组，通过灵活组队、持续进步、技术切入和指导管理[3, 4]。过程与结果评价包括专业评价、课程评价、教师评价、学生评价、截面评价和历时对比评价等。完善机制是根据评价结果，及时调整过程和目标，以期目标可持续、过程有效率。

传统评价多在考查教学内容、学生达到成果持续花费的时间或者学生达到目标所采

① 教育项目包括学校的总体人才定位、专业的人才培养方案、课程群的组合、教学课程、实践课程、实验课程、实习、课外实践、第二课堂等。

取的路径，而成果导向教育仅仅评价经过深思熟虑的学习成效。成果导向评价的参考标准类似于参考准绳，要求对期望表现有清晰描述，在学生和老师之间持续性地评价[5]。成果导向教育承认学生作为个体在学习过程中的个体差异性，学生在项目学习的过程中能根据各自能力获得不同程度专业知识、技术和态度上的提高[6, 7]。与现有过程管理的起点不同，成果导向教育是以学生接受教育之后应当达到的专业知识、技术、能力、价值观和态度等成果水平为出发点，它更加强调在学习探索之前就要明确最终需要达到的目标。

因此，成果导向教育理念的优势和劣势主要表现在以下几个方面：优势一，鉴于清晰、具体和明确的成果和目标，允许不同专业和兴趣的利益相关者参与合作计划、建立和实施培养方案，这为成果导向教育的科学性、自洽性、客观性、市场性和可持续性赋予了更高的价值。优势二，成果导向教育不仅能确保成效的明确性，保证在教学计划实施中自我矛盾之处的合理解决，也和学生的学习与实践息息相关。成果导向教育系统成效评估和项目评价的指南。优势三，成果导向教育中具体明晰的成效有助于让高等教育中自学更加容易，也让学生更加了解教学项目及个人的学习阶段与进展情况。对于最终成效的目标和价值是开放讨论与不断完善的。劣势一，有学者认为教育应该是开放的，而不受具体的成效局限。他们认为由一系列成效集所决定的“教—学”过程与学习是探索未知世界这一特征是相左的[8]。劣势二，对于成果导向教育使用标准化的测试，有学者认为于同水平工作的人、家境贫困或不发达地区的学生而言是不公平的。他们声称若是在过去的公共教育中没有接受到良好教育的低水平学生，成果导向教育是无能为力的。劣势三，还有学者认为标准化的成效可能会太容易、太难而被误用。有学者认为应该为这些努力的学子提供额外资源。很多老师也发现在实施成果导向教育的时候，工作量大大提升。劣势四，会容易出现的问题：对于学生、老师和后进生不清晰、含混的成效描述，老师无意识的限制合作和共创人才目标的课程成效，与目标成效不匹配或不考虑学生变化的考核方式。

综上，对于成果导向教育（OBE）理念的实施是高等院校各专业在进行标准化建设中绕不开的指导思想，评价在这个闭环中扮演着承上启下的作用。目前的评价呈现出两头热的状况，一方面是教育组专业评价小组定期对各校各专业进行评估，这是规模全面、评价深入的官方评价。此类评价各高校和各专业多在考虑排名与得分，今年评价虽然也在强调与自己的对比，但是双一流建设的背景把各高校和各专业压得喘不过气来。另一方面是课程评价，也就是每一门课程结束后对课程的考核。此类评价授课老师难有全局观，评价结果也较难反映到专业人才培养方案中。因此，对于各专业的成果目标需要能够有定量、有效、便于操作且有即时指导意义的评价方法是目前评价所缺失的部分，研究以应用型本科的专业建设为研究对象，希望通过从学生对就业力养成的元认知评价为突破口，反观各类课程教学效果与就业力之间的关系。

（二）大学生就业力的概念与结构维度

“就业力”概念来源于西方，英文为 Employability 或 Employability skills，这个概念最早于 1909 年由英国经济学家贝弗里奇（Beveridge）提出，指人的“可雇佣性”[9]。经过数年的争论，就业力的概念在人力资源领域达成了一定的共识，是指个人在经过学习过程后，能够具备获得工作、保有工作以及做好工作的能力。自 20 世纪 90 年代以来，高等教育规模扩张，大学生就业压力随之增大，就业力逐渐转变成为衡量教育质量的重要指标。在使用就业力概念对大学生就业力进行测量的时候发现，由于这一概念的视角、测量的时间和测量的内容太过多元和复杂，导致测量难度较大。若是以就业力为目标指导专业人才的培养更是千头万绪，无从下手。故研究以学生为中心，从大学生的元认知视角下出发，将大学生就业力定义为大学生在学校期间通过系统的学习和培训后，主观认为具备获得工作、保有工作和做好工作的能力。这一目标通过就业率进行检验。

对于大学生就业力的评价，每个国家都会根据各自国情和行业需求进行评价。最受欢迎的莫过于美国的 USEM 模型，Knight 和 Yorke 认为专业知识的理解力、专业能力和通用能力、个人品质和元认知能力是大学生就业力构成的四个维度[10]。美国的大学入学考试机构则推出了工作要点（Workkeys）的大学生就业力评价，包括工作分析、能力测评、培训与课程辅导、能力认证和研究分析四个方面[11]。2000 年美国劳工部就业能力委员会提出 3 个基础（基本能力、思考能力、个人品质）、5 大能力（统筹资源、人际交往、信息获取与使用、系统处理、技术技能）和 36 项具体技能（时间管理、领导协商、顾客服务、信息评价与搜集、技术应用等）[12]。景安磊（2016）[13]在对美国、英国、加拿大和澳大利亚四国大学生就业力评价体系考察之后发现，所有评价体系的维度中都包含信息获取、沟通交流、团队合作、问题解决、技术应用和自我管理这几个维度，并指出对于就业力评价的多元化是未来的趋势与要求。

本文参考亓晓庆（2014）[14]就业力评价模型，对确定出的 14 种基本因素进行因子分析，凝练出二级指标，并以软技能、理论应用能力、专业核心能力及专业伦理作为一级指标，从而构建出以 OBE 理念构建的酒店管理专业本科生课程设置关联指标体系。

（三）酒店管理专业课程体系

根据《桂林理工大学酒店管理培养方案（2015）》所列专业并结合 OBE 理念，本研究将酒店管理专业课程按 5 个类别划分，即通识必修课、大类专业基础课、专业核心课、专业选修课和集中性实践教学环节。其中通识必修课主要培养学生基本的知识素养，是培养全能型创新性人才的重要环节。大类专业基础课是学习专业核心课的基础，专业核心课是酒店管理专业的核心课程，集中性实践教学环节是通过实习实践培养学生的酒店专业认知、实践工作能力与创新能力的；从课程本身的内容归属来看，桂林理工大学酒店管理课程可分为三类：数学与管理类课程、酒店核心类课程、外语，共计 75 门课程，由此构建学科成绩与大学就业力的匹配组合（表 1）。

表 1　酒店管理专业的课程描述

课程性质	课程类别	课程名称
必修课	通识课	马克思主义基本原理、中国近现代纲要、毛泽东思想和中国特色社会、思想道德修养与法律基础、就业指导与创业基础（1，4）、形势与政策（1~2）、大学安全教育（1~6）、大学生心理学、大学英语（上，下）、体育（1~4）、计算知识及运用初步
	大类（专业）基础课	高等数学（六）、概率论与数理统计、管理学原理、旅游消费者行为、西方经济学、旅游与酒店市场营销（双语）、旅游经济学、服务运营管理、旅游财务管理、旅游电子商务、旅游目的地管理
	专业核心课	酒店管理概论（双语）、酒店商务英语、前厅客房管理（双语）、酒店餐饮管理（双语）、酒店管理信息系统、酒店文化与品牌管理
选修课	专业选修课	酒店人力资源管理、化妆知识、中国茶艺（实验课）、户外旅游与营地管理、服务业质量管理、酒品饮料实验课（双语）、酒店管理案例精选、酒店新业态与管理前沿、酒店筹备与规划管理、旅游研究方法（实验课）、高级英语口语
实践课	集中性实践课	专业认知实习、服务业综合实习

三、研究方法

（一）研究设计

专业人才培养目标是综合的、全面的，所以对成果的评价也是综合的和全方位的。对于一般的应用型本科，就业是人才培养中的重要且关键性抓手。研究主要探究课程表现与学生对就业力元认知之间的关系，具体包含课程成绩状态、就业力元认知分布情况、课程成绩与元认知之间的关系三个部分。酒店管理专业是应用型本科教育，现行的课程设置并没有一个科学、全面的评价标准来衡量毕业生是否真正掌握酒店管理技能，是否具备适应工作岗位的职业能力。

学生学习成绩采用因子分析将所有酒店管理专业学习科目设置为变量，通过各变量间的内在联系找出能综合反映就业力科目的少数几个公因子，使少数几个公因子能代表绝大多数原始变量的信息。而成绩的聚类分析是通过对学生的个体成绩显示的特征将个体进行分类，将最相似的个体分到一起，从而形成有特征的类别。因子分析与聚类分析根据酒店管理专业学生的具体公因子得分情况及聚类情况建立学生成绩综合评价体系，能为 OBE 理念下，学生就业力培养提供建议。本课题论述的学业测评体系主要是针对已经完成在校四年专业课程的酒店管理专业本科生，这类学生经过四年专业的系统学习，具备了一定的专业知识，并且成功获得就业。

（二）数据来源

本文的数据来源为桂林理工大学酒店管理专业 2015 级本科学生，选取了 60 名学生，从 2012 年入学至 2015 年已修新专业学科成绩数据。该数据根据国家教育部课程设置要求，保持了课程的代表性，且课程是学生统一按照学校规定修满，丢失差异不明显。同时，本文学生样本是在毕业之前展开的调查，基本能明确就业方向的影响，是较为理想的研究数据。对 75 门课程的成绩按照五个等级进行离散化，成绩依次是 0~60 分或不及格、60~70 分或及格、70~80 分或中等、80~90 分或良好、90~100 分或优秀，分别离散成不同的等级并赋值 1、2、3、4、5。

对于就业力的测量本文采用 14 个的变量，为实践动手能力、解决问题能力、创新能力、职业规划能力、表达能力、应变能力、团队协作能力、组织沟通能力、社会实践经历、工作忠诚度、创业精神、敬业精神、学习能力和社会适应能力。对于问卷问题“自我就业力评价”如果被调查者选择“1. 非常弱”或“2. 弱”，则判定为课程设置所培养能力与就业力不匹配；反之，则为课程设置所培养能力与就业力匹配。参考现有文献，本文使用 14 个就业力变量进行因子分析后作为因变量，核心解释变量学科成绩。具体的变量定义见表 2。

表 2　就业力元认知与课程关系

变量类别	变量名称	变量定义
因变量	就业力	实践动手能力、解决问题能力、创新能力、职业规划能力、表达能力、应变能力、团队协作能力、组织沟通能力、社会实践经历、工作忠诚度、创业精神、敬业精神、学习能力和社会适应能力
关键变量	专业成绩	通识必修课、大类专业基础课、专业核心课、专业选修课、集中性实践教学环节
个人特征	性别	1 = 男性，0 = 女性
	户口	1 = 农村，0 = 城市
	就业意向	1 = 就业，2= 继续升学，3= 创业，4= 其他

四、实证过程及结果

我们首先使用因子分析法对就业力进行分析，再根据文献，就学科成绩与就业力影响进行研究。

（一）就业力因子分析

首先对原始数据进行了 KMO 和巴特利特球形检验，KMO 值为 0.814，大于最低标准 0.5，说明变量之间的偏相关性较强，变量选取合理。同时巴特利特球形检验 P=0.000<0.05，说明可以执行因子分析。第一个因子包含了 4 个指标，涉及应变能力、表达能力、组织沟通能力、团队协作能力，我们将其称为软技能能力；第二个因子包含了 5 个指标，分别是实践动手能力、解决问题能力、创新能力、创业精神、职业规划能力，我们将其称为理论应用能力；第三个因子包含了 3 个指标，分别是敬业精神、学习能力、社会实践经历，我们将其称为专业核心能力；第四个因子包含了 2 个指标，分别是工作忠诚度和社会适应能力，我们将其称为专业伦理能力（表 3）。

表 3 大学生活就业力因子分析

		元件			
		1	2	3	4
软技能能力	应变能力	0.887	0.222	0.047	0.159
	表达能力	0.880	0.241	0.036	−0.015
	组织沟通能力	0.713	0.427	0.142	0.267
	团队协作能力	0.698	0.188	0.176	0.401
理论应用能力	实践动手能力	−0.015	0.833	−0.199	0.184
	解决问题能力	0.431	0.763	0.112	−0.080
	创新能力	0.280	0.702	0.309	0.347
	创业精神	0.284	0.690	0.026	−0.235
	职业规划能力	0.472	0.652	−0.180	0.147
专业核心能力	敬业精神	0.199	−0.086	0.762	−0.104
	学习能力	0.169	0.484	0.715	0.137
	社会实践经历	0.245	0.401	0.539	−0.127
专业伦理能力	工作忠诚度	0.157	0.021	−0.089	0.852
	社会适应能力	0.521	0.046	0.329	0.594

（二）成绩因子分析

对成绩数据进行了 KMO 和巴特利特球形检验，结果如表 3 所示，KMO 值为 0.664 大于最低标准 0.5，说明变量之间的偏相关性较强，变量选取合理。同时 Bartlett 的球形度检验 $P=0.000<0.05$，说明可以执行因子分析。第一个因子包含了 5 门课程，涉及形势与政策、思想道德修养和法律基础、马克思主义基本原理、大学生就业指导、大学生安全教育，我们将其归为“专业通识课程中思想教育类”；第二个因子包含了 3 门课程，涉及体育、计算机知识及运用初步和大学英语，我们将其归为“专业通识课程中基础教育类”；第三个因子包含了 4 门课程，涉及概率论与数理统计、高等数学、旅游经济学、旅游研究方法（实验课），我们将其归为“旅游大类专业数理教育”；第四个因子包含了 3 门课程，涉及旅游消费者行为、管理学原理、旅游财务管理，我们将其归为“旅游大类专业管理教育”；第五个因子包含了 5 门课程，涉及酒店文化与品牌管理、酒店管理信息系统（实验课）、酒店管理概论（双语）、前厅客房管理（双语）、酒店餐饮管理（双语），我们将其归为“酒店专业核心课程类”；第六个因子包含了 4 门课程，涉及酒店新业态与管理前沿、酒店管理案例精选、酒店人力资源管理、酒店筹备与规划管理，我们将其归为“酒店管理专业选修管理课程类”；第七个因子包含了 2 门课程，涉及中国茶艺（实验课）、酒品饮料实验课（双语），我们将其归为“酒店管理专业选修技能课程类”；第八个因子包含了 2 门课程，涉及酒店业生产实习和专业认知实习（旅游类），我们将其归为“酒店管理专业实践课程”（表 4）。

表 4　课程类型因子分析

专业通识_思想	形势与政策	0.895							
	思想道德修养和法律基础	0.849							
	马克思主义基本原理	0.712							
	大学生就业指导	0.600							
	大学生安全教育	0.527							
专业通识_基础	体育		0.780						
	计算机知识及运用初步		0.649						
	大学英语		0.572						
专业大类_数理	概率论与数理统计			0.823					
	高等数学			0.768					
	旅游经济学			0.756					
	旅游研究方法（实验课）			0.531					
专业大类_管理	旅游消费者行为				0.874				
	管理学原理				0.776				
	旅游财务管理				0.493				
专业核心_酒店	酒店文化与品牌管理					0.777			
	酒店管理信息系统（实验课）					0.696			
	酒店管理概论（双语）					0.656			
	前厅客房管理（双语）					0.594			
	酒店餐饮管理（双语）					0.529			
专业选修_管理	酒店新业态与管理前沿						0.781		
	酒店管理案例精选						0.778		
	酒店人力资源管理						0.639		
	酒店筹备与规划管理						0.391		
专业选修_技能	中国茶艺（实验课）							0.796	
	酒品饮料实验课（双语）							0.724	
专业实践_酒店	酒店业生产实习								0.756
	专业认知实习（旅游类）								0.756
KMO = 0.814；巴特利特球形检验 近似卡方 = 483.754；Df = 91；Sig. = 0.000									

（三）课程类型与就业力相关性分析

诸多研究学业能力是评价学生在校期间表现的较好方式，学生进入劳动力市场后，将获得一个较为稳定的评价——就业力，在控制相关因素的情况下，可以较好地反映专业匹配程度。因此，研究把因变量设定为就业力，为了初步获得专业成绩对就业力的影响，研究分别检验就业技能的软技能能力、理论应用能力、专业核心能力、专业伦理道德与专业成绩的通识必修课、大类专业基础课、专业核心课、专业选修课和集中性实践教学环节相关影响。通过课程成绩与就业技能相关性分析，得出了 12 个因子之间存在的联系及相关程度。根据相关系数可知，课程设置过程中，课程因子存在显著的两两相关关系，课程因子与就业力因子存在显著的两两相关关系，这充分说明 12 个因子相互间并不是完全独立的（表 5）。

表 5　课程类型与就业力相关性分析

	专业通识_思想	专业通识_基础	专业大类_数理	专业大类_管理	专业核心_酒店	专业选修_管理	专业选修_技能	专业实践_酒店	软技能能力	理论应用能力	专业伦理道德	专业核心能力
专业通识_思想	1											
专业通识_基础	0.000	1										
专业大类_数理	0.220	0.609**	1									
专业大类_管理	0.380**	0.191	0.000	1								
专业核心_酒店	0.470**	0.587**	0.566**	0.461**	1							
专业选修_管理	0.364**	0.431**	0.408**	0.312*	0.581**	1						
专业选修_技能	−0.141	0.305*	0.127	0.206	0.161	0.000	1					
专业实践_酒店	0.234	0.073	−0.087	0.256*	0.033	0.174	−0.009	1				
软技能能力	0.174	0.167	0.029	−0.069	0.197	0.179	−0.235	−0.074	1			
理论应用能力	0.302*	0.046	0.148	0.130	0.326*	0.347**	0.023	0.057	0.000	1		

续表

	专业通识_思想	专业通识_基础	专业大类_数理	专业大类_管理	专业核心_酒店	专业选修_管理	专业选修_技能	专业实践_酒店	软技能能力	理论应用能力	专业伦理道德	专业核心能力
专业伦理道德	0.210	−0.015	−0.055	0.074	−0.040	−0.018	0.120	0.335**	0.000	0.000	1	
专业核心能力	0.026	0.314*	0.206	0.438**	0.285*	0.348**	0.156	0.109	0.000	0.000	0.000	1

*. 在 *0.05* 级别（双尾），相关性显著；**. 在 *0.01* 级别（双尾），相关性显著。

从大学生对就业力的元认知视角下可以看出，对软技能能力、理论应用能力和专业核心能力四个方面最有贡献的课程群是专业核心课。这说明专业核心课类的课程群在就业力目标实现上成效显著，但是在专业伦理方面的培养还比较欠缺。在专业核心能力方面通识必修课、专业基础课、专业核心课和专业选修课都有显著性贡献，可见核心能力的培养符合由浅入深、宽口径、厚基础的培养思路，且成效明显。就专业伦理这一维度而言实践环节起到了更加重要的影响，说明伦理能力的具备不单是课堂教学培养，在实践的过程中，更形成了具有批判思维的道德或者价值观念。

（四）课程成绩与就业力回归结果分析

对上文提到对就业力有显著贡献的 8 个要素建立就业力的回归模型。回归模型包括 1 个因变量、8 个自变量和 1 个常数项。计算公式如下：

$$Y=\beta_0+\beta_1X_1+\beta_2X_2+\beta_3X_3+\beta_4X_4+\beta_5X_5+\beta_6X_6+\beta_7X_7+\beta_8X_8 \tag{1}$$

其中，变量分别为专业通识_思想（X_1）、专业通识_基础（X_2）、专业大类_数理（X_3）、专业大类_管理（X_4）、专业核心_酒店（X_5）、专业选修_管理（X_6）、专业选修_技能（X_7）、专业实践_酒店（X_8）和就业力 Y。β_0 为常数项，β_1、β_2、…、β_8 为 8 个课程类别影响因素的回归系数，在回归方程中表示自变量 X 对因变量 Y 影响大小的参数。

经过计算，软技能能力维度的显著性水平的值 P 值为 0.638，说明因变量与自变量不存在显性相关关系。模型最终无可选择预测变量。

理论应用能力维度相关系数 $R=0.347$，判定系数为 0.120，调整的判定系数为 0.105，回归估计的标准误差 $S=0.946$。方差分析 $F=7.921$，显著性水平的值 P 值为 0.007，说明因变量与自变量的线性关系明显。模型最终选择专业选修_管理（X_6）作为理论应用能力的预测模型：$Y=-2.123\text{E}-16+0.347X_6$。可以看出专业选修课_管理对理论应用能力的影响是正向的，即专业选修课_管理成绩越好理论应用能力越强。

专业伦理道德维度的相关系数 $R=0.335$，判定系数为 0.112，调整的判定系数为

0.097，回归估计的标准误差 $S = 0.950$。方差分析 $F = 7.337$，显著性水平的值 P 值为 0.009，说明因变量与自变量的线性关系明显。模型最终选择专业实践 _ 酒店（X_8）作为专业伦理道德的预测模型，$Y = -1.714E-16+0.335X_8$。可以看出专业实践 _ 酒店对专业伦理道德的影响是正向的，即专业实践 _ 酒店成绩越好所形成专业伦理道德越高。

专业核心课维度相关系数 $R = 0.497$，判定系数 =0.247，调整的判定系数 =0.221，回归估计的标准误差 $S = 0.883$。方差分析 $F = 4.154$，显著性水平的值 P 值为 0.046，说明因变量与自变量的线性关系明显。模型最终选择专业大类 _ 管理和专业通识 _ 基础作为专业核心的预测模型，$Y = -3.775E - 16 + 0.393X_2 + 0.239X_4$。可以看出专业大类 _ 管理和专业通识 _ 基础对专业核心能力的影响是正向的，即专业大类 _ 管理和专业通识 _ 基础成绩越好所形成专业核心能力越高。

五、结论与讨论

就业力因子可较好地衡量大学生对就业力的元认知。通过对就业力量表的检验与因子分析发现，就业力量表能较好地测量大学生对就业力的元认知，传统的就业力量表在本研究样本中呈现出不同于以往的亚维度，包括软技能能力、理论应用能力、专业核心能力和专业伦理四个方面，这较好地说明学生对就业力的元认知与行业需求是相宜的。课程成绩绝大多数对评价就业力有指导意义，无效的课程成绩需要检视并修正。通过对大学四年所有授课成绩的因子分析发现，可以将所有课程归类为专业通识 _ 思想（X_1）、专业通识 _ 基础（X_2）、专业大类 _ 数理（X_3）、专业大类 _ 管理（X_4）、专业核心 _ 酒店（X_5）、专业选修 _ 管理（X_6）、专业选修 _ 技能（X_7）、专业实践 _ 酒店（X_8）八类。以上分类较好地反映了国家教育部对人才培养“宽口径、厚基础”的要求，并呈现出酒店管理专业在工商管理一级学科下的专业地位。分析课程成绩的过程也发现了诸多问题，比如有一些课程的成绩都集中在 70~80 分区间，在离散化的过程中仅仅呈现出一个数值，对最后的结论是没有意义的。而此类课程在日后教学中需要完善课程评价。

回归分析发现：①对于理论应用能力最具贡献的是专业选修 _ 管理类课程，这与教学目标的设定是相符的。而高等数学（专业通识 _ 基础）、旅游学原理（双语）（专业大类 _ 管理）等理论课却没有贡献，说明学生的元认知对于理论的应用还停留在实践应用理论的层面，忽视了抽象思维对理论的应用。日后教学环节中教师应在基础理论课中增加理论解决现实问题的内容，并积极引导学生的抽象思维能力，以实现布鲁姆分类法中的评价和创新层级的教学目标。②专业实践课程群对专业伦理道德维度最具贡献，此结论一方面说明了真正的社会实践对培养学生的专业伦理道德是最有影响的，验证了实践是连接象牙塔和现实生活的仪式性行为[15]，此类课程需要和企业、实习单位深度合作，深入引导大学生专业伦理观和专业忠诚度；另外，也反映出思想道德修养和法律基础、大学生就业指导等课程的局限性，对于此类课程的教学目标和教学手段与方法需要调整，以在深层次上影响大学生不仅仅做一个合格的公民，更能培养其专业伦理意识。③“专业大类_管理”和“专业通识_基础”课程群对“专业核心能力”是显著正相关的关系，且能很好地预测就业力的水平，这说明专业课程教学是符合教学目标的实现。然而在目标的实现过程中其他类别的课程也需要围绕专业目标展开教学设计，这就需要学院与教务处和其他承担公共课的学院积极沟通，传递本专业人才培养的目标，以期形成凝合力。④软技能的短板需要加强巩固。软技能和所有的课程都呈现不相关的关系，意味着课堂教学对这个维度的就业力没有直接贡献，这是该专业在接下来教学环节中最需要关注、调整和监控的内容。需要从专业的角度界定软技能的内容、探讨如何在课程体系中具体实现软技能的培养、建构阶段性的软技能专业评价体系、建立目标—评价—反馈—调整的闭合回路，实现就业力最终成果的实现。

参考文献：

［1］中华人民共和国中央人民政府.教育部介绍《普通高等学校本科专业类教学质量国家标准》有关情况［EB/OL］.（2018-01-30）［2020-03-21］. http：//www.gov.cn/xinwen/2018-01/30/content_5262462.htm#1.

［2］Spady，William G. Competency Based Education：A Bandwagon in Search of a Definition［J］. *Educational Researcher*，1977，（6）：9-14.

［3］苏敏.英国高校提升大学生就业力的策略研究［D］.长春：东北师范大学，2007.

［4］M. Fugate，A.J. Kinicki，B.E. Ashforth. Employability：A Psycho-social Construct，its Dimensions and Applications［J］. *Journal of Vocational Behaviour*，2004，65（1）：14-38.

［5］L. D. Pool，P. Sewell. The Key to Employability：Developing A Practical Model of Graduate Employability［J］. *Education Training*，2007，49（4）：280.

［6］Harden R.M. Developments in outcome-based education［J］. *Medical Teacher*，2002，24：117-120.

［7］R.M. Harden，J.R. Crosby，M.H. Davis，AMEE Guide No. 14：Outcome-based education：Part 1—an introduction to outcome based education［J］. *Medical Teacher*，1999，21：7-14.

［8］J. Mckernan. Perspectives and imperatives：some limitations of outcome-based education［J］. *Journal of Curriculum and Supervision*. 1993，8（4）：343-353.

［9］贾利军，管静娟.国外就业能力概念的发展历史及评析［J］.全球教育展望，2011，40（12）：20-24.

［10］P. Knight，M. Yorke. Assessment，Learning and Employability［M］. Maidenhead：Society for Research into Higher Education & Open University Press，2004.

［11］ACT. Work keys Assessment［EB/OL］.（2013-06-17）［2020-03-21］. https：//www.act.org/content/act/en/products-and-services/workkeys-for-job-seekers/assessments.html.

［12］Secretary's Commission on Achieving Necessary Skills. What Work Requires of Schools：A SCANS Report for America 2000［EB/OL］.（2012-09-19）［2020-03-21］. https：//www.worldcat.org/title/what-work-requires-of-schools-a-scans-report-for-america-2000/oclc/27640871.

［13］景安磊.世界大学生“就业力”评价的发展背景、特点和趋势［J］.国家教育行政学院学报，2016

（3）：83–88.

［14］亓晓庆.驻济高校大学生就业力评价指标体系研究［D］.济南：济南大学，2014.

［15］王志文，卫银栋，樊友猛.象牙塔与生活世界的阈限呈现——一个对生产实习日记的质性分析［J］.高教探索，2016（3）：111–116.

疫情之下的文化和旅游数据资源建设思考

郭　鹏

（文化和旅游部信息中心，北京 100740）

摘　要：通过梳理新型冠状病毒肺炎疫情背景下文化和旅游行业在数据资源建设方面存在的不足，探讨了数据资源建设同文化和旅游行业发展之间的五大关系，分析了后疫情时期文化和旅游数据资源建设的四个趋势，进而从顶层设计、标准制定、系统建设、扶持政策、融合创新五个方面提出了进一步推动文化和旅游数据资源建设的策略建议。

关键词：疫情防控；数据资源；应急管理；数据治理；融合创新

文化和旅游数据资源是文化和旅游信息化建设的核心组成，是关系文化和旅游行业发展全局的战略资源和关键要素。伴随着新一代信息化技术的广泛应用，文化和旅游数据资源呈现出大规模、爆发性增长态势，特别是"十二五"以来，通过统筹实施文化科技创新工程、文化信息资源共享工程、公共数字文化工程、数字图书馆推广工程、数字文化产业创新发展、"旅游 + 互联网"行动、智慧旅游等一系列政策举措，文化和旅游数据资源建设取得了积极成效，总量快速增长、类型不断丰富、作用日益凸显。但"各自为政、条块分割、烟囱林立、信息孤岛"依旧是困扰文化和旅游行业高质量发展的老大难问题，大量数据资源难以得到科学有效的利用，数据资源建设水平存在较大提升空间。

此次抗击新型冠状病毒肺炎疫情，既是对文化和旅游行业应急管理能力的一次大考，也是对文化和旅游数据资源建设成效的全面检视。我们既要充分肯定文化和旅游数据资源在满足人们居家隔离期间精神文化需求、缓解疫情对文化和旅游产业巨大冲击、促进疫后各地恢复发展和产业振兴繁荣等方面发挥的重要作用，也要看到疫情期间暴露出数据资源在文化和旅游产业发展中角色定位不清、数据掌握不全、信息获取滞后、应用手段不多等方面的突出问题。习近平总书记今年 3 月在杭州视察时指出："该管起来就能够迅速地管起来，该放开又能够有序地放开，收放自如，进退裕如，这是一种能力。"[1] 各级文化和旅游行政部门打破部门本位和惯性思维，改变条块分割和自成体系的碎片化管理格局，推动实现文化和旅游数据资源建设从过去"分散建设、分头管理"型向"统筹建设、综合管理"型转变已变得极为必要和迫切。

一、存在问题

（一）总体规划尚不完善

面对新型冠状病毒肺炎疫情等突发事件，应急管理的过程可分为事前、事中、事后。

［作者简介］郭鹏（1985—），男，山西太原人，文化和旅游部信息中心主任编辑，博士研究生，研究方向为政务信息资源管理、旅游新闻宣传与推广，E-mail：pguo@mct.gov.cn。

事前需要做好预案制定和人员、物资准备，随时防备突发事件的发生，并及时监测、分析、传递和发布疫情信息；事中要综合研判各方提供信息，为应急工作开展和企业纾困解难提供科学的决策依据；事后要认真总结经验教训，统筹谋划复工复产，严防突发事件反弹[2]。在以上过程中，自始至终需要全面、及时、准确的数据资源支撑，所以从源头上做好数据资源建设的规划布局就变得非常重要。文化和旅游数据资源建设涉及规划政策、组织实施、资金人才、基础设施、技术应用等众多方面，是一项庞大的系统工程。虽然推进文化和旅游信息化建设的任务要求已在国家相关政策文件中多次提出，各级文化和旅游行政部门也投入资金力量开展了一些卓有成效的工作，但总体来看，由于在顶层设计方面存在缺失，缺少全国、全行业统筹的政策规划支撑；大部分地区、企业的业务信息系统自行建设、自成体系形成信息孤岛，难以实现数据资源共享；数据资源建设尚未充分融入总体战略布局，没有得到相关部门的足够重视和全力参与。

（二）标准规范相对滞后

在疫情防控过程中，互联网、大数据、云计算、区块链等新一代信息化技术得到了高度重视和广泛应用，但数据资源的标准体系建设始终是支撑其有效运转的基础性工作，也是进行数据资源共享交换、分析应用的基本前提。目前，在国家层面已成立 9 个文化和旅游标准化委员会，出台 16 项国家信息化标准和 47 项行业信息化标准，各省也制定出台了一些文化或旅游信息化建设指南、标准规范等，但在实际操作中仍旧问题和困难重重。如尚未形成适合文化和旅游发展实际、统一合理的数据资源标准规范体系，部分业务领域的数据标准、交换标准、功能规范等分类不清、内容不全、内容老化，不同系统之间文化信息共享和交换难，不利于文化信息的共享和沟通[3]；标准规范制定工作的机制体制和职责权限不明确，缺乏有效的落地实施监督手段和办法；部分标准规范的制定部门和使用部门沟通协调不足，使标准规范内容与业务工作实际不相匹配，严重影响了数据资源建设的效率和质量。

（三）协同合作机制缺失

完善的协作机制和畅通的信息渠道是文化和旅游行业处置突发事件、实施应急管理、开展分析应用、组织复工复产的关键环节。文化和旅游数据资源之所以价值巨大，重要原因就在于涵盖了多方面相互关联的信息资源，但文化和旅游数据资源又具有多样性和异构性特点，分属不同的业务管理部门和采集主体，文化和旅游行政部门内部、行业企业之间缺乏有效的协同合作机制，跨地区、跨层级、跨部门、跨系统间业务协调力度不够，数据壁垒现象严重，数据采集的覆盖范围、颗粒度和及时性明显不足，使文化和旅游行政部门、相关市场主体难以掌握全国、全行业整体发展情况，特别是在疫情防控期间，如无法及时、全面、准确掌握行业运行状况，必将对下一步分析研判和政策制定造成较大困难。

（四）融合应用有待深化

如果只有分散的数据资源，没有融合的分析应用，数据资源建设在总体上还处于一个静态的过程，没有产生动态的效应。疫情防控期间，相对于卫生健康、工业、农业等信息化发展时间较早、数据资源建设水平较高的领域，文化和旅游数据资源与业务工作的融合尚不够紧密，利用“互联网 +”、云服务、移动互联网等新一代信息化技术开展应用服务的方式较为单一、创新力度不足，数据应用成果和知识服务模式对管理决策科学化、监测预测精准化、应急管理数字化、公共服务规范化的引领、推动作用较为有限。

二、本质思考

（一）数据资源是文化和旅游工作的基础信息载体

文化和旅游数据资源是基于多元化的数据采集方式，通过采集汇聚、整合处理和分类存储等步骤，获取的政策法规、文化活动、文化创意、文艺作品、公共服务、文博艺术、文物遗产、旅游资源、产业发展、市场信息等不同领域全时、全域、全面的数据资源，是文化和旅游工作的基础信息载体。

（二）数据资源是文化和旅游发展的本质显示器

文化和旅游数据资源是基于各类文化事业、文化产业和旅游业基础信息，通过对产业发展过程、行业主体行为、文化传播方式的综合分析，进一步研究其内在相关性、规律性与外在表现性、影响性之间的关系。应用文化和旅游大数据能够确定并量化文化和旅游业内不同行业主体、工作职能、业务系统之间的关联关系，是文化和旅游发展的本质显示器。

（三）数据资源是文化和旅游治理的科学指南针

文化和旅游数据资源是基于静态历史数据和动态实时数据的深度挖掘分析，将产业发展方式、文化传播规律、产品生产模式、公众消费偏好等进行体系化和指标化改造，以发展现状为起点，以治理现代化为目标，以系统化数据标准体系和信息化技术为手段，为文化和旅游行业治理提供了科学、准确、规范的数据依据。

（四）数据资源是技术和业务融合的有机结合点

科学技术本身只有服务于业务和职能才能产生应有价值和更大效益，文化和旅游数据资源建设的过程，就是科学技术引入、消化、吸收和再创新的过程。在疫情防控等应急管理工作中，文化和旅游数据资源主要服务于行业监测、趋势研判、应急指挥、政策制定等职能履行，能够有效提升应急管理效率和科学决策水平，进而实现新一代信息化技术同实际业务工作的深度融合。

（五）文化和旅游数据资源建设迎来重大机遇期

文化和旅游数据资源总量大、类型多、发展快，但一直存在底数不清、核心数据缺失、数据质量不高、共享开发不足、开发利用不够等问题，难以满足全行业改革创新、融合发展的现实需要。随着文化和旅游信息化建设水平的不断提升，特别是新一代信息化技术在此次疫情防控中的广泛、成功应用，将进一步深化信息技术在文化和旅游行业发展中的影响，为下一步行业数据资源建设提供良好基础和实现条件，也为解决行业信息化发展面临的困难和问题提供了工作思路和技术手段。

三、发展趋势

（一）文化旅游融合发展，数据资源愈为繁杂

现阶段，我国正处于文化事业、文化产业和旅游业融合发展的关键时期，物联网、社交网络、移动终端的增长与普及创新了数据获取手段，也极大地扩展了数据量，每时每刻都能获取到包含有位置、言论、状态等信息的数字化数据[4]，文化和旅游数据资源建设将要更多面对半结构化、非结构化的多元数据，其规模、数量、类型、速度和变化等特征将与传统结构化数据资源有着显著不同，这就要求各级文化和旅游行政部门采用不同思路和方法来管理数据质量和标准，进一步满足新时期数据资源建设的新要求。

（二）体制机制升级变迁，数据治理意义凸显

当前，我国政务信息资源管理制度体系中，数据管理职能正由数据生产部门自行履行向大数据管理部门或统一管理平台逐步集中，各个数据生产部门将配合各级大数据管理部门协助推进各类政务信息资源的汇聚整合、共享交换工作。随着数据共享与业务职能融合程度不断加深，数据资源建设的重点将进一步聚焦数据资源治理，数据发展规划、数据体系构建、数据质量规范、数据流程管控、数据模型设计、数据创新应用将成为各级文化和旅游行政部门今后的重要工作内容。

（三）技术创新势头迅猛，处理架构迭代更新

随着网络爬虫、视频处理、语音识别、自然语言处理、图像处理、人类识别等新一代信息化技术逐渐成熟并为文化和旅游业所广泛采用，产业数据、视频数据、语音数据、图形图像数据、行为数据等将被越来越多地应用于管理和实践中，可以逐步构建起一个精准映射物质世界并保持持续记录的庞大的数据世界，为决策提供更为多样的信息[5]。文化和旅游行政部门亟须对数据分析、计算和存储环节进行 IT 架构重组和算法重构，采用更高级的分类处理方案来应对海量、非结构化数据的挑战，支持主流大数据分析平台的分布式处理架构以及批处理、流计算、Sass 应用、区块链等技术将被更多地运用于文化和旅游数据资源建设，从而更好满足批量、实时数据加载需要和灵活业务创新需求。

（四）行业发展需求多样，应用要求不断提高

随着文化体制改革和旅游创新发展脚步的持续加快，文化和旅游业的规模和影响力显著提升，基础公共服务网络化、市场监管规范化、资源开发多样化、文化创意个性化、文化传播虚拟化、文博保护数字化、应急管理常态化等行业发展新趋势、新需求不断涌现，数据资源的应用范围将由传统的行业内部应用为主向支撑内部和服务外部并重发展，数据资源的应用价值也将从对内支持决策扩展至对外共享交换和服务社会公众方面[5]，只有快速、准确把握行业需求变化趋势，适时开展业务优化和服务创新，才是新时期利用数据资源推动行业转型升级、改革发展的必然选择。

四、对策建议

（一）抓好顶层设计，出台专项规划，绘制发展蓝图

数据是信息化建设的基础，规划是数据获取的前提。以本次新冠肺炎疫情防控为契机，进一步加强对文化和旅游数据资源建设的顶层设计，按照统一领导、统一规划、统一标准、统一实施的原则，研究制定专项发展规划，编制出台数据资源目录，明确界定数据资源基本建设要求和各部门具体分工职责。将数据资源建设纳入文化和旅游业发展总体战略，做好同相关领域政策、规划、标准的统筹协调工作，推动文化和旅游数据资源建设“全国一盘棋”，避免出现自成体系、盲目投资、重复建设和低水平应用等问题。各级文化和旅游行政部门要充分认识数据资源建设面临的机遇和挑战，制定出台本地区数据资源建设的具体措施和办法，理顺同本级大数据管理部门、业务关联部门的协作关系，确保数据资源建设工作及时、有序开展。

（二）抓好标准制定，健全治理机制，夯实工作基础

借鉴和衔接国内、国际相关成熟标准，加大文化和旅游数据资源标准规范的开发力度，构建涵盖分类描述基础标准、数据资源共享标准、业务系统技术标准、数据安全保护标准的统一标准体系。按照基础共用、分工负责的原则，组织相关部门、企业、社会组织共同参与，推进数据采集、公共数据开放、指标口径、分类目录、交换接口、访问接口、数据质量、数据安全等关键共性标准的制定或修订工作。制定文化和旅游部数据资源管理办法，健全数据治理相关工作规范，注重数据治理模式的协同性，明确数据治理的牵头部门及相关部门的工作职责和协同机制，夯实数据资源建设工作基础。

（三）抓好系统建设，推动整合共享，引导多方参与

以部政务信息资源共享系统为抓手，规划构建以元数据为核心，逻辑集中、物理分散、统一管理和服务的全国文化和旅游基础信息资源库。按照共享共用、协作协同、分工分流的原则，通过内部整合和外部交换，打破数据资源分散、封闭和垄断状况，逐步推进部内司局之间、涉文旅部门之间、中央与地方之间业务系统整合集成、脱敏数据共建共享。探索市场化的协同建设机制，支持采用政府购买服务、协议交换共享、大数据交易等方式，规范引导社会专业力量参与文化和旅游数据资源建设，鼓励行业企事业单位、社会第三方企业自主开展文化和旅游数据资源采集、管理和创新应用。

（四）抓好扶持政策，加大资金投入，强化人才引育

把资金、人才作为支撑文化和旅游数据资源建设的核心要素。加大中央财政投入，发挥中央投入对地方投入的撬动作用，明确要求各地发展改革、财政部门进行相应配套支持，积极拓宽资金来源渠道。努力拓宽人才发展空间，制定出台多层次、多类型的人才培养机制、用人机制和激励机制，培育一批既懂信息技术又懂文化和旅游业务的复合型专业人才。支持各级文化和旅游行政部门、行业企事业单位开展数据资源建设基础技术研究，形成一批具有自主知识产权的技术和产品，提高文化和旅游数据资源建设的循

环造血和自主创新能力。

（五）抓好融合创新，明确应用场景，盘活数据资源

鼓励各级文化和旅游行政部门紧密结合政府职能转变和管理体制改革，围绕文化和旅游中心工作，充分利用已采集数据资源和已建业务系统开展业务融合和应用创新，积极探索面向行业企事业单位、社会公众的应用场景和服务模式。如加强对文化和旅游业重点业务领域数据资源的监控、采集、挖掘分析，提升数据资源采集获取能力和分析应用能力；借助大数据技术和信息化手段，广泛收集分散的文化和旅游业务需求，支撑规模化产品生产和服务供给，推动文化和旅游企业做大做强；利用社会第三方数据资源和信息服务，加强与政务信息资源的关联分析和融合应用，提高科学决策、合理规划、项目投资、预警预测和应急处置水平。

参考文献：

[1] 习近平：收放自如 这是国家治理水平的表现［EB/OL］. http：//news.cctv.com/2020/04/01/ARTITrahlvw09CwW3cwCUdjz200401.shtml.

[2] 张一洲.推进应急管理数字化转型的支撑点［N］.学习时报，2020-02-28（A3）.

[3] 贺培育，陶庆先.以信息化构建文化产业新生态［N］.光明日报，2016-12-11（6）.

[4] 叶鹏，丁鼎，张雪英.大数据驱动的旅游突发事件应急管理体系研究［J］.电子政务，2017（8）：84-91.

[5] 中国信通院.大数据白皮书（2019年）［R］.北京：中国信通院，2019.

2020：疫情下5G文旅的A面与B面

方　然，韦广林，乔　凯

（中国联通 5G 创新中心，北京 100048）

摘　要：2020 年开年，一方面，新冠肺炎疫情给文旅行业带来巨大冲击，生机勃勃的文旅行业创新应用推进遭受阻力；另一方面，疫情也助推新技术在文旅产业的实践，重塑游客的消费观念与消费习惯，催生文旅行业新业态、新模式加速发展，并暴露了文旅行业发展的短板。5G+ 文旅的融合发展，将赋能行业发展、提升游客体验、加强景区管理、实现内容聚合，引领行业发展方向。

关键词：疫情；5G；文旅融合

一、A 面：暴风劲雨，疫情下的文旅行业举步维艰

（一）疫情给文旅行业带来巨大冲击

随着人民生活水平的提高，“旅游过年”已经成为人们欢度春节的日常选择之一。经中国旅游研究院（文化和旅游部数据中心）综合测算，2019 年春节全国旅游接待总人数 4.15 亿人次，同比增长 7.6%，实现旅游收入 5139 亿元[1]；以此测算，2020 年中国春节出游人数有望突破 4.5 亿人次。

全国范围乃至影响全球的数亿人次的旅游消费，本可给中国文旅产业带来翘首企盼的春节红利，却因一场疫情遭到重创。这是身处疫情中的旅游企业必须要面对的严峻事实。疫情防控，关乎人民生命健康，关乎国家安全稳定；疫情面前，文化和旅游部结合行业特点，作出暂停旅游企业经营活动、关闭文化和旅游场所、取消节庆活动等措施[2]，各项文化旅游活动基本停摆。

业界权威专家根据去年旅游收入估算，“中国旅游业每停滞一天，损失可能超过 170 亿元”[3]，再加上已经为春节准备的灯会、庙会、演出等活动费用，房租、人工等支出，文旅行业面临的形势极其严峻，包括景区、酒店、民宿、交通、旅行社、OTA 和餐饮在内的全产业链企业，都承受着巨大的压力。

（二）文旅创新应用推进遭受阻力

近年来，特别是 2019 年 5G 商用元年以来，文旅产业与 5G、大数据、物联网、人工智能、AR/VR 等现代科技技术全面融合、共同发展，文旅创新应用竞相涌现，逐步对

［作者简介］方然（1985—），女，辽宁朝阳人，工程师，中国联通 5G 创新中心，研究方向为 5G 文旅创新，E-mail：fangr3@chinaunicom.cn；韦广林（1980—），男，江苏大丰人，教授级高工，中国联通 5G 创新中心，研究方向为 5G 文旅教育创新，E-mail：weigl8@chinaunicom.cn；乔凯（1979—），男，北京人，工程师，中国联通 5G 创新中心，研究方向为 5G 文旅创新，E-mail：qiaok@chinaunicom.cn。

文旅产业链上下的游客体验、景区管理、IP 营销、文化传播等各个环节产生重大影响。2020 年伊始，本该是 5G 在我国展开大规模网络化建设，文旅创新应用不断繁荣、行业与个人终端快速普及的良好开端，但是随着疫情的蔓延，原本欣欣向荣的景象戛然而止。

从文旅行业投资意愿来看，疫情当前，旅游企业的主要任务是积极配合防疫政策，保证消费者的权益。其中大企业面临着巨大的现金流压力，中小企业则竭尽全力想在疫情结束后存活下去。全行业都在尽一切可能削减成本，实现自救，资金主要用于防疫、补偿消费者、支付员工工资和房租。在生存面前，对于创新应用的需求暂缓。

随着疫情的到来，5G 网络建设旺季也将延后。如果疫情蔓延超出预期，延续至 2020 年第 2 季度，会对部分公司复工产生较大影响，可能会导致华为和中兴等主设备公司出现产能吃紧和元器件供应短缺的情况，对产业链公司产生影响[4]。

消费级终端的普及也将受到抑制，5G 手机销售将放缓。疫情除了对产业链造成影响外，对线下零售店和物流渠道也造成影响。分析机构 Strategy Analytics 发布报告指出，全球七成智能手机在中国生产制造，由于疫情原因，包括上游供应商、手机厂商及代工厂商在内的整个产业链都会受到不小影响[5]。

二、B 面：化危为机，疫情给文旅创新带来机遇

（一）科技与传统产业加速融合

一场突如其来的疫情，把全国人民紧密团结在一起，表现出心手相连、患难与共的强烈民族情感，各个行业、各级组织都在为打赢“抗疫攻坚战”贡献力量。疫情在一定层面上也成为科技技术与传统产业融合的推手，助力疫情期间全国人民的生产生活。

以云计算为核心的云视频会议，以 SaaS 模式向企业提供服务，实现多终端、多状态下的多方视频；教育部于 2 月 17 日开通国家网络云课堂，武汉中小学基于武汉教育云实现“停课不停学”。

基于运营商在武汉火神山、雷神山和协和医院部署的高速光纤和 5G 网络，医生可以通过超高清视频远程医疗系统对患者进行远程问诊，降低医疗成本和交叉感染可能；微医、丁香园、平安好医生、阿里健康等纷纷推出疫情地图与新型冠状病毒线上咨询服务[6]。

运用大数据技术，可以实现对疫情情况的动态监测、对病毒传染源的追踪、对病毒趋势的预测、对全国人口流动的分析等，交通企业、运营商、互联网公司发挥各自大数据优势，全方位支撑疫情防控工作。

而在抗“疫”一线发挥作用的，还有各种 AI 技术，患者隔离期间的自动送餐机器人、在限行的武汉街道上配送医疗资源的无人物流车、测温 5G 警用巡逻机器人、协助 CT 阅片的 AI 医疗影像技术、基于自然语言学习的非结构化数据整理等。

（二）文旅 + 科技应用竞相涌现

疫情使文旅行业遭受重创，疫情也推动了文旅行业积极创新。除了基本的办公和生

活需求外，满足“宅”在家里人民群众的精神文化需求，也是疫情阻击战的重要环节。5G、云计算、大数据、AI、超高清视频等相关创新应用的加速推广，为文旅行业提供动力。

文化和旅游部应对疫情推出在线公共文化和旅游服务，公众可以在线观看全国博物馆线上展览，参观国家博物馆 30 多个虚拟展厅，查询故宫博物院文物信息，参加国家图书馆线上线下结合的公开课；各省区市文旅厅也积极组织开展疫情期间线上文旅体验休闲产品内容供给，推出数字博物馆、数字图书馆、免费听书、网上非遗、文旅故事等线上文旅视听内容，为公众提供强大的精神动力。

2020 年 2 月 20 日，中国联通快速反应，在虎牙、快手、斗鱼等第三方平台及沃视频等渠道免费推出 5G 文旅远程互动直播产品，整合河南红旗渠、上海自然博物馆、武汉大学、云南樱花谷、四川泸定桥等著名景区、景点、文博资源，面向游客提供第一视角游览、专业导游讲解和实时互动直播应用；同时，直播还可以提供红色旅游教育、博物馆游览研学等衍生功能。截至 3 月 8 日，累计观看人数约 245 万，社会反响热烈，景区对接需求积极。充分说明线上文旅方式是对传统文旅的有益补充，也是文旅行业向上下游开拓市场、增加盈利点的有效手段。

疫情助推新技术在文旅产业的实践，重塑游客的消费观念与消费习惯，催生文旅行业新业态、新模式，也暴露了文旅行业发展的短板。从产品质量和带来的效益上看，目前文旅科技的融合仍处于发展初期，当前涌现的各类应用由各组织、各单位自主发起，部分功能交叠重复，存在同质化竞争，内容相对固化、与观者的交互性较差。整体的文旅创新应用缺乏系统性的顶层设计以及自上而下的统筹发展格局，商业模式并不明显，虽然有一定的吸粉效应，但并没有对旅游产业，特别是目前停滞中的文旅企业产生显著的经济效益。

随着 5G 技术的发展，以及与之伴随的其他科技技术的转型升级，文旅科技产品也将随之发生革命性的改变，其潜力无可否认。

三、居安思危，5G 助文旅行业焕发生机

身处疫情的大环境中，在积极应对的同时，文旅行业也应该认真思索，如何能提高行业的风险抵御能力，如何在低谷中蓄积力量，如何实现疫情结束后文旅行业的迅速回暖。“居安思危，思则有备，有备无患”，疫情结束后，文旅行业更要积极探索科技与文旅融合之道，加速拥抱产业互联网，研发出更适应市场、更符合公众对于美好生活向往需求的产品，以保证行业发展的持续稳健、协同抗压和快速反应能力，增强产业链上下的信心。

5G 技术将触发文化产业的生态融合与业态创新，为文旅融合的表达提供更多可能。在 5G 的加持下，景区的管理会更加精细、安全，文化消费产品的数量、种类及数字化程度将不断加深，文化内容的呈现方式将更加多样，文化内容创造、传播和消费等环节

将更便捷高效（图 1）。

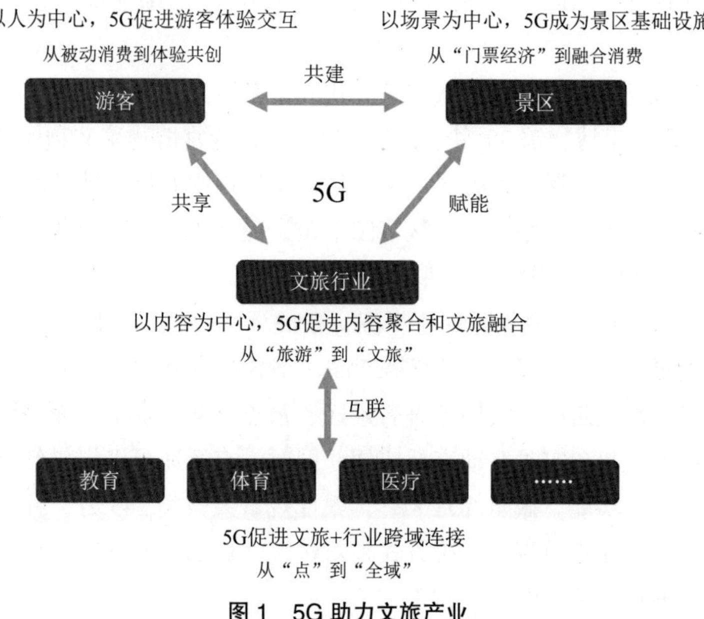

图 1　5G 助力文旅产业

（一）5G 促进景区精细管理，打造“健康景区”

5G“智联万物”的特性帮助景区进行更细颗粒度的管理，景区内的人、物和流程都会纳入景区的管理范畴。同时，依托数字孪生技术，可以轻松便捷地对景区内的娱乐、商业、厕所，甚至是电力线、变电站、污水系统、供水排水系统等基础设施以及空气质量、致病参数等环境信息进行在线数字化管理。

在“后疫情时代”，利用 5G 打造的数字孪生景区及 AI 深度分析技术，景区可以更好地开展各项游客健康安全的管理，如监测食品卫生以发现肠道传染病流行危险因素；监测空气病菌污染状况以确定呼吸道传染病的高发危险；监测自然疫源的分布状况，提出相应的预警方案和控制措施等。以此为基础，景区可以为游客打造健康、安全的游览环境，尤其在疫情结束初期可以帮助景区实现游客的出游信心恢复和安全体验，达到景区的快速复苏。

（二）5G 解锁文旅智慧应用，促成“无界旅游”

在疫情期间纷纷涌现的文旅科技融合应用，在 5G 技术的加持下会真正成为未来行业不可或缺的重要组成部分，为景区数字化转型赋能，实现对游客的需求激发和消费引导，催生文旅行业新业态、形成文旅商业新模式，实现发展均衡、多元、灵活的价值变现。

在空间上，5G+ 高清直播、5G+VR 等技术可以使景区突破疫情期间减少人员流动的限制、突破景点旺季期间对游客的承载能力，使不在现场、宅在家里的游客也能以第一视角、沉浸式、环绕式多重体验的方式感受到景点的魅力，大幅度提高景点接待游客的能力；5G+ 大数据还可以融合旅游行业与酒店、交通、娱乐等行业，这样的融合发展符合当前全域旅游的发展思路，使全行业为疫情结束后的复兴共同努力、焕发生机，带来诸多经济和社会效益。

在时间上，5G 技术可以营造触摸历史、穿越古今的持久体验，为单纯的线上图文浏览增加视频直播、3D 模型交互、AR 等交互形式，从而进一步挖掘和展现景点的文化内涵；5G+AI、5G+AR 还可以将一次性、偶入的游客转变为数字衍生景区或景区 IP 的长久用户，这样景区就能增长游客在时间上的留存期，把有界的旅游产业转变为无界的文旅产业。

除了对于线上旅游资源的单纯浏览和被动输入，5G 还可以使游客对景区文化内涵的体验从单用户的独立体验，变成多用户的交互式体验。游客之间可以进行内容的分享和点评，游客与专家之间也可以进行身份的转换，各个文旅个体和元素足不出户就可以建立起跨越时空的文旅社交，提高游客的积极性和参与程度，为文旅品牌和内容传播提供助力。

（三）5G 实现文旅内容聚合，实现“共生共创”

对线上资源投入的匮乏，使得在疫情期间行业难以通过线上运作模式恢复收入，而文化内容的匮乏和单一也是文旅融合发展的重要问题之一。5G 高速率、低延时、大容量的特性，以及边缘计算、网络切片等能力，可以提升文化内容的存储、计算、渲染能力，在云端处理业务以降低终端成本，实现复杂的跨平台协作，为景区文化内容的构建和大规模应用提供了机遇，让游客和景区一起打造一个实时更新、可持续、可交互的数字文化共享景区。

打个比方，如果兰州拉面是一个民俗文化的游览内容，美食家提供的是“一清（汤）二白（萝卜）三红（辣子）四绿（香菜、蒜苗）五黄（面条黄亮）”的评判标准；厨师提供的内容是拉面制作选料、和面、饧面、溜条和拉面的五大步骤；民俗和历史学家贡献从牛肉面由来、变迁、发展过程中发生的故事……

游客结合自己的知识储备和参观感受，自主进行内容制作和共享，不但提高游客在景区游览的体验和参与度，也可以为景区沉积各个年龄段、各个层次、各个专业方向的文化内容，快速形成可展示的、可利用的线上资源，对景区文化底蕴的提升和传播有非常好的促进作用。

（四）5G 融合文旅 + 其他行业，激发创新加速

5G 天然承担了智联万事万物、赋能千行百业的使命，文旅 + 其他产业会通过 5G 网络碰撞出更多的可能性，跨越产业边界，扩大旅游资源的范围，衔接不同领域的体验内容。

例如，通过本次疫情，公众对身体健康、度假休闲、环境及野生动物保护的意识会进一步增强，这将给有游客关怀、有营销智慧的文旅企业带来绝地反生的拓展机会。5G 可穿戴设备、5G 远程诊疗为老人等弱势群体在休闲旅游中的健康安全提供保障；5G 高

清赛事直播、5G+VR 运动体验可以打造符合大众喜闻乐见的文体结合产品；5G 物联网、5G 直播可以实现文旅衍生农产品的产业链透明度和可追溯性；5G+ 智慧灌溉将打通线上线下体验，拉近游客与农业生产的距离……

文旅 + 疗养、文旅 + 体育、文旅 + 农业等跨界产业的互联、互融、互通，可以诞生新的产业格局和生态，这也是 5G 时代下万物智联的必然趋势。

四、结语

文旅行业是受益于 5G 能力的首批行业之一。超高清视频、AR、VR、网联无人机等 5G 赋能的现代科技技术，将会在未来的游客体验、景区管理、文旅融合及 IP 传播等多个文旅行业领域为游客和景区服务。随着头部企业 5G+ 文旅试点效果的逐渐展现，越来越多的产业生态成员将顺势而为，加入 5G+ 文旅的变革中去，这是不断满足人民群众日益增长的美好生活需要的重要手段，也是推动文旅融合和行业高质量发展的必然要求。

2020 年对于商用规模和领域逐渐扩展的 5G 而言，也是关键性的一年。作为 5G 应用的头部落地场景，文旅行业可以向消费者和行业用户展示新一代网络技术的强大，体现与 4G、Wi-Fi、光纤等通信网络的差异化，以行业示范应用带动 5G 产业链、业务链、创新链的融合发展，加速 5G 的网络覆盖和用户增长，为 5G 走向千家万户、赋能千行百业提供契机。

5G+ 文旅的融合发展，将文旅行业和通信行业紧密连接在一起，安危与共、风雨同舟，共同应对疫情带来的冲击、机遇和挑战，共同为疫情过后旅游业的强力反弹做好充足准备，共同迎接寒冬后的春暖花开。

参考文献：

[1] 央广网. 2019春节假期接待总人数4.15亿人次 实现旅游收入5139亿元［EB/OL］.https：//baijiahao.baidu.com/s?id=1625086488164681203.

[2] 王红彦. 构筑起全行业战“疫”的铜墙铁壁［N］. 中国旅游报，2020-02-03（003）.

[3] 凤凰网. 旅游业遭遇“休克”：停滞一天，就损失178亿元［EB/OL］. https：//travel.ifeng.com/c/7tl9TlisOye.

[4] 平安证券. 疫情下，科技硬件产业的挑战与契机［R］. 2020.

[5] 中国经济网. 疫情冲击全球供应链［EB/OL］. http://finance.china.com.cn/industry/20200211/5190818.shtml.

[6] 申万宏源研究. 疫情中的科技兴国：远程办公、在线教育、医疗信息化与ICT支援［R］. 2020.

数字技术赋能旅游业高质量发展

杨宏浩

（中国旅游研究院，北京 100005）

摘　要：目前，旅游业为数字技术提供丰富的应用场景，数字技术也正在助推旅游业发展创新，重塑旅游业发展格局；数字技术在旅游应用中也面临数字治理和监管、转型能力和内生动力不足等瓶颈问题；未来，需要做好数字技术应用规制和政策支持，加强数字旅游平台建设，向数字旅游空间拓展，让数字技术在旅游业高质量发展过程中发挥更大作用。

关键词：数字技术；旅游业；高质量发展

一、旅游业为数字技术提供丰富的应用场景

（一）数字技术成为旅游业发展新动能

中国旅游业正从高速度增长阶段向高质量发展阶段迈进，产业发展动力正从要素驱动转向创新驱动，其中新技术，特别是数字技术更是旅游业发展创新、高质量发展的主要推动力。旅游业为数字技术提供了丰富的应用场景，数字技术在旅游业也正实现全场景渗透，成为旅游业发展的新动能。数字技术在提升旅游行政管理水平、提高旅游企业运营效率和优化游客旅游体验的同时，也在不断重建新的旅游消费场景，催生旅游新业态、新模式、新产品，而且在一定程度上正在重塑旅游市场竞争格局。

（二）数字新技术全面应用于旅游业

最新的数字技术在旅游行业里都已得到广泛应用。可以把数字技术分成三个层次：第一个层面是基础层。其中，互联网、移动互联网和区块链相当于是生产关系，云计算是生产力，大数据是生产资料。第二个层面是工具层。包括 AI、VR、物联网、人脸识别技术、人机交互以及 5G 通信技术等。第三个层面是应用层。现在运用到的酒店智能入住系统、景区的人脸识别系统等都是应用层。这些最新技术已经全面应用到旅游业中（图 1）。

设想一个场景，假设在家里体验一个海边度假的场景。通过物联网、大数据、AI 智能、5G 传输、VR 皮肤以及 VR/AR 视觉体验等技术，能够让你感觉到海风拂面和海潮的味道，也能体验到赤脚在海滩漫步时海水和沙子触碰脚的触感。现在很多在线 AR/VR 主题乐园就在往这个方向发展。

［作者简介］杨宏浩（1972—），男，湖北随州人，中国旅游研究院产业研究所所长，博士，副研究员，研究方向为旅游产业运行与旅游企业管理，Email：hhyang@mct.gov.cn。

图 1　数字技术的三个层次

大数据技术在酒店选址、电子合同、电子发票、大数据营销、推广、定价、销售、产品设计等方面也有广泛应用。云 PMS 系统、ERP 系统、OA 系统的不断升级，也在助力酒店集团提升运营管理效率。飞猪打造了“菲住布渴”智能酒店（Flyzoo），希望把这个酒店作为一个应用场景，阿里所有与住宿相关的软件、硬件都可以在这里进行优化，最后推向整个住宿产业。此外，睡眠技术在住宿业的应用会更为广泛，区块链技术可能构建新的旅游经济体系。

未来随着 5G 和物联网、AI 应用成熟，AR/VR、4K/8K、IPTV、人机交互等技术在旅游行业的应用会更加广泛。

（三）数字经济实现旅游全场景渗透

从旅游攻略到规划线路，从旅游预订（预约）到食、住、行、游、购、娱，直到游后服务等各个环节，都有以数字技术为核心的公司在提供服务。各环节还在不断涌现出创业创新型公司，以酒店为例，酒店具有平台效益，拥有较长的上下游产业链，是众多软件产业的整合应用平台。因此，未来酒店与科技深度融合，并实现双向赋能，酒店的智能入住、智能家居、智能窗帘、智能电视、送餐购物、智能停车等都可为数字技术提供很好的应用场景，数字技术也为酒店增加新的内涵和附加值，乃至生命力。数字技术在旅游产业的应用就是一个不断解决旅游痛点的过程。

还有一些企业希望能够把整个的旅游场景通过一部手机或者一个平台来全部实现，例如腾讯做的“一部手机游云南”。还有驴迹，以前是做景区导览，现在它也做全域旅游的数字导览，不仅是旅游景区，在整个区域只要涉及游客游览需要的它都可以提供服务（图 2）。对于“一键游云南”等类似应用，我们为整个云南提供这样的一个定制的 App，但是作为消费者到云南可能一辈子就去一次，非常低频，让他知悉并用这个 App 是很难的，所以利用率非常低，留存率更低。未来可能要做的是打破这个信息孤岛，把 31 个省份的“一机游”全部进行整合，其价值才能显现。

图 2　数字技术在一次典型旅行过程中的应用

二、数字技术助推旅游业发展创新

（一）2C：数字技术实现无缝连接、更加个性化的旅行体验

数字技术能让旅游者在旅行过程中实现无缝连接和个性化的体验。以景区为例，可应用数字技术进行精准营销，也可实现景区预约制；景区智能停车预订系统能让游客通过手机应用程序提前预订车位，抵达后 NFC 感应进入，系统自动引导至停车位；刷脸进入景区后，智能导引系统根据大数据分析得出游客喜好，推荐最新项目和最受喜欢的项目，使用导航系统可找到去景区项目的最短线路；游览结束，景区导引系统可以为游客推荐周边景区以及餐饮住宿等相关消费项目，智能停车系统可导引游客至停车位。

（二）2B：数字技术提升旅游供应链的运营效率

一个旅游目的地的旅游产业集群，由旅游和相关联产业组成，除了我们直观看到的，背后有强大的支持产业、支持系统。旅游产业链长且复杂，各环节的协同难度很大，通过数字技术能实现各环节高效连接和提升各环节的运营效率。深大智能从景区闸机系统开始做起，现在有 4600 多家景区（其中 1500 多家为 4A 级以上景区）与其智游宝平台签约，可实现为景区打通分销渠道、优化财务结算、进行精准数据分析，还可以将游客导向住宿、餐饮、购物、娱乐等服务以及周边景区，为景区提高效率，创造更高附加值。石基信息从酒店 PMS 起步，现在已经延伸到餐饮、主题公园、超市、场馆、度假村等业态的管理系统，致力于打造数据驱动的大消费行业应用服务平台。旅游供应链管理和酒店集采系统等最近也受到重视，未来旅游产业会更多通过技术的应用来提升全要素生产率。

（三）2G：高效实现旅游统计、监测预警和指挥调度

对于旅游行政管理部门，数字技术能够实现更快、更准确的数据统计，也能进行全程全域全旅游要素的运行监测、预警和指挥调度，从而更好地适应当前全域旅游管理。例如，基于云计算、物联网、大数据技术，整合应用旅游运营商、电信运营商、电子围栏、轨交流量、Wi-Fi 嗅探等多源头、多维度数据，旅游行政主管部门通过智慧旅游公共服务平台就可以对开放式旅游景区或重大旅游节事活动的客流实施客流统计、监测预警、安全管理和应急指挥调度等。

（四）重建新的旅游消费场景，催生旅游新业态、新模式、新产品

数字技术能够创造新的旅游业态，例如在线虚拟景区，还有无人驾驶汽车等。未来，无人驾驶汽车不仅仅是一个交通工具，也可能是一个酒店，既然它不需要人来驾驶，那么完全可以把汽车做成一个客房，我们在里面睡觉或娱乐，到了目的地继续旅行或开展商务活动，所以未来汽车会打破以前的边界。其他新的模式，如共享住宿、共享单车。新的产品，如主题酒店，可以根据客人的需要，预订后进行数字化主题设计定制，让酒店转换成为客人所需要的场景。此外，还有基于 VR/AR/MR 等数字技术的飞行影院、人机互动的各类数字文旅产品。

（五）重塑旅游市场竞争格局

数字技术在旅游和住宿行业的全面应用正快速重塑市场竞争格局。在旅游中介环节，不论从营业收入、平台流水还是公司市值来看，以携程为首的在线旅游运营商已经超越传统旅行社从而占据主导地位；就 OTA 竞争格局而言，近年来已逐渐从携程系一家独大向携程系、美团点评和飞猪三足鼎立格局转变；未来，美团有可能垄断本地、外地甚至社区等包括旅游在内的生活性服务业。在旅游住宿领域，以途家网和爱彼迎为代表的共享住宿企业快速崛起，从客房拥有量进行衡量，已经迅速位居住宿企业集团的前列。这些变化都是借助于数字技术的力量，没有数字技术，旅游市场格局想短时间内改变是非常难的。

三、数字技术在旅游应用中面临瓶颈问题

数字技术在提高旅游企业运营效率和提升游客旅游体验的同时，也带来一些新问题。

（一）数字技术对人工的替代问题

当前，在酒店、景区、餐馆等旅游场景都能看到机器人的身影，目前看很多还是一个噱头，是为了吸引消费者的眼球，但未来数量一定会持续增加，并将对人力带来挤压效应。按照李开复在《AI. 未来》中所做预测，酒店从门童、前台服务人员到后台咨询人员和财务人员，再到厨房厨师，甚至规划设计人员，都可以被机器人所取代，唯一难以被替代的是酒店 CEO 和并购交易师。当然，这为行业所遇到的用工短缺问题提供了解决方案，也可以把现在的人员用在可以做其他更有效率的、更有价值的事情上。另外，从顾客感知角度来看，机器人其实很难完全取代有温度的服务人员，这就要求培养从业人员的匠心精神，不断提升服务品质。

（二）数字治理和监管问题

数字技术在旅游领域的应用，存在侵袭公民的信息权利，个人的隐私、尊严、安宁得不到保障等问题。例如 OTA 的捆绑销售，前几年是非常大的问题。其实就是伦理道德和价值观的问题。还有推荐排序的时候，你是按照好评来排还是按照给你的钱来排；预订旅游产品时制定一个公平公正的价格，还是会“杀熟”。数据泄露的问题，不光是中国，在国外都发生了数据泄露的问题，影响非常大。数据滥用的问题，例如 ZAO 这个软件推出的 AI 技术换脸，引起很大争议，旅游行业其实同样面临类似这样一些问题。

（三）大数据平台有待进一步丰富完善

由于竞争对手的疑虑、政府和监管机构对数据安全和隐私问题的担忧，旅游业界各企业、各行业、各部门、各地区数据共享与协作存在障碍，形成了“数据孤岛”。

（四）“赢者通吃”阻碍创新

OTA、旅游攻略等平台——大数据公司，头部企业一旦胜出后，就会对创新进行阻碍或压制。巨量的点评数据已经成为几大 OTA 的宝贵财富，以此构建了强大的进入壁垒。因此，携程等 OTA 在累计巨量点评数据的同时，也掌握了海量的用户消费行为数据，可以据此“聪明地”服务于用户需求，在一定程度上说，携程已经是一个大数据公司。马蜂窝“抄袭事件”就是因为用户撰写的旅游经历和体验点评积累成大数据，对平台发展非常重要，没有一定量的“抄袭”，仅靠自身积累，难以在短期内崛起。一些创新型公司认为要颠覆大型 OTA，必须用新的模式，例如 aboutanywhere 曾获全球旅游创新奖，但最终没有成功，很大一个原因就是没有点评的积累，不能为消费者提供购买的参考依据。也有企业认为旅游中介最大的痛点是解决信用问题，希望用区块链技术来建立新的商业模式，如国际上的 windingtree、中国 Trip.io 等，一方面点评数据缺乏，另一方面数字货币是其核心，但数字货币支付还未得到推广，在国内尚未合法化，因此距得到广泛应用尚需时日。爱彼迎、途家网应用互联网平台，对散布在各地的民宿、公寓等进行整合，之所以能迅速崛起，是因为整合对象差异巨大，没有对 OTA 造成大的冲击，可以不用依托携程等头部 OTA 流量；但轻连锁酒店模式 OYO 就没有这么幸运，发展中遭到了掌握消费者流量入口的 OTA 的封杀。

（五）数字旅游投资的适当性问题

当前，存在数字旅游的滥投问题。例如，很多省都在做“一键游某省”App。目前有的省份做的智慧厕所，对每一个厕位实时显示使用和空置状况，但确实有必要吗？旅游景区的厕所现实情况是，节假日排队，平时基本够用，游客根本不会根据 LED 显示屏上的显示去找厕位。游客需要的只是你告诉我哪里有厕所就行，至于厕位的实时状况对他而言基本没有价值。换个角度来说，中国到了需要如此“智慧”的厕所的时候了吗？其实，还有更多真正需要“智慧”去解决的问题。

（六）数字化转型的能力与内生动力不足

目前数字化应用主要还是体现在大型龙头企业和旅游集团，中小型旅游企业存在数字化转型需要，但受制于观念认识以及人才、资金、技术等方面的短缺，应用的内生动力还不足，实现数字化转型的能力也不足。

四、数字技术推动旅游业高质量发展的建议

（一）数字技术应用规制和政策支持

数字技术对旅游业是一把双刃剑，需要对共享住宿、OTA、酒店集团会员体系、景区人脸识别等方面探索建立数字旅游标准，并将互联网、大数据、人工智能等的开发运用置于法治的规制之中，确保数字技术更加公正、安全、诚信地得到运用。

为加快数字技术在旅游行业的应用，政府部门对中小旅游企业的技术改造应提供一定的资金支持，并对数字旅游的应用进行税费减免。对于一些痛点问题提供适当解决方案。例如，酒店自助入住机一直未得到推广，其中需要解决客人身份证信息与公安部身份证数据库的对接问题。下一步可推动公安部旗下研究机构在酒店自助入住机中安装用户黑匣子，通过人脸识别自动实现客人信息比照，当然需隐匿用户姓名和手机号，实现个人隐私保护。

（二）旅游要向数字空间拓展

首先，旅游业向时间要效益、向空间要效益。空间，除了物理空间，就是向数字空间拓展。空间和时间往往是相互关联的，特别是数字化的空间拓展。例如在线 VR 主题公园，解决了空间的问题，它是可无限拓展的，也解决了时间的问题，可全天候开放，这样就可以打破时空的限制。无人驾驶也是类似的，它的空间的功能可以多元化，作为交通工具、娱乐和住宿空间来使用。这些都需要以数字旅游平台为基础。

（三）加强数字旅游平台建设

建设基于 3D · GIS 技术的三维数字文旅地球。我们需要建设中国自己的三维数字旅游地图，在疫情期间就可以实现在家不受时空限制，一日阅尽神州春色，畅游祖国大好河山。谷歌有自己的三维地图，但因为谷歌拿不到国内互联网地图许可证，不能涉足国内的三维地图制作。国内也有企业完全有技术能力来做三维地图，例如伟景行把全国 200 多个城市实现了 3D 可视化，我们可以戴上 VR 眼镜或裸眼进行互动体验。如果建设好三维数字旅游地图平台，很多面向游客、企业、政府、旅游教育的应用就能在这个平台得以实现。

未来，旅游业需要建设一个数字旅游大脑。现在旅游数据都是孤岛，城市之间也好，细分行业之间也好，企业之间也好，这些数据都是割裂的、孤立的。未来可以用一个类似“城市大脑”的“旅游大脑”把这些数据整合起来，实现对全国每个地区、每个行业甚至大中型企业发展的运营情况，每个消费群体的消费偏好，能了如指掌，从而可以精准施策。

中国旅游产业创新与IP发展研究

张佳仪

（中国旅游研究院，北京 100005）

摘　要：当前，旅游市场需求持续升级，旅游业创新进入快速发展阶段。文旅融合、前沿科技、跨界资本、企业家精神等创新动能稳健发力，推进旅游业提质升级。本文拟从供给侧和需求侧分别开展旅游创新效应分析，一方面构建区域旅游创新能力评价体系，分析旅游创新供给效果；另一方面立足需求从游客角度对国内主要旅游城市创新成效进行打分。本文开展创新视域下的旅游 IP 研究，定义旅游 IP 的内涵，分析旅游 IP 的创新路径和应用场景，并对未来旅游 IP 长效运营进行研判。

关键词：旅游创新动能；旅游创新效应分析；旅游 IP

随着旅游业创新发展的社会和技术条件日趋成熟，以技术应用创新为引领，市场、资本和企业家精神多元驱动的旅游创新日益活跃，推动旅游业迈向高质量发展新局面。中国旅游研究院（文化和旅游部数据中心）与驴妈妈旅游网（景域集团）共同成立的景区和 IP 旅游大数据联合实验室（以下简称“联合实验室”）结合以往研究成果和当前文旅发展现状，积极开展旅游创新效应研究和旅游 IP 发展研究，结果显示，当前，区域创新逐步活跃，联动格局尚待形成。在旅游创新高质量发展的有利环境下，旅游 IP 在文化内涵提升、品牌效应扩大和产业化运营方面取得显著成绩，预计未来旅游 IP 将在品牌化、产业化、规范化发展方向有所突破。

一、消费升级持续发展，倒逼行业创新提速

（一）旅游业创新的社会条件和技术基础日益成熟

在文旅融合大背景下，当前旅游业创新的社会条件和技术基础已经日趋成熟，国民经济正在向高质量发展，旅游业已经迈入创新发展、高质量发展的新阶段。文旅发展的政策环境在不断优化，跨界资本和研发的力度在不断增加，旅游人才从数量和质量上也在不断提升。技术与旅游融合日益紧密。

（二）假日文化休闲成为新民俗

假日是我国国民出游的重要时间节点。2000 年到 2019 年国庆长假，全国接待游客人数年均增幅达到 14.5%，旅游收入年均增幅达到 19.2%；2002 年到 2018 年春节长假，上述两项指标年均增速分别达到 13.3% 和 20.9%，假日出游成为中国家庭生活的重要组成部分。假日旅游消费持续多年保持高位增长，且高于过去多年的年均增幅。假日期间，

［作者简介］张佳仪（1986—），女，黑龙江牡丹江人，中国旅游研究院助理研究员，产业经济学硕士，主要研究领域为旅游服务质量、旅游 IP 发展研究，E-mail：zjycherry618@qq.com。

拖家带口开展自助游、自驾游和各种本地休闲等活动，已经带着一种仪式感成为中国家庭生活的一部分。居民休闲生活中文化参与度稳步提升。2019 年国庆期间，各地博物馆、图书馆、美术馆、文化馆举办主题展览，延长闭馆时间，加大文化惠民力度，切实让广大群众获得更多的文化服务。在文化和旅游融合新时代，红色文化的时代传承备受关注。随着“红色旅游 +”、特色教育培训品牌、红色影视基地等旅游产品相继涌现，红色旅游为游客提供了新的出游体验。

（三）时空拓展催生旅游新业态

从时空拓展角度看，旅游的季节性正在不断弱化。长期以来，受季节等因素的影响，旅游的淡旺季明显。但近年来随着避暑旅游、冰雪旅游等新业态的出现，打破了旅游活动受季节性等因素的限制，“一年四季皆可游”的局面逐渐打开。进入 2019 年，旅游淡旺季趋于平衡，“三小时”中短途出行圈成出游常态。冬有冰雪旅游，夏有避暑旅游，白天旅游出行活跃，夜间旅游也发展形势向好，未来夜经济也是推动旅游创新发展的新引擎。从空间角度看，全域旅游建设背景下，旅游活动的场所从景区景点延伸至各类文化、休闲场所，延伸至旅游目的地的各类生活空间。除了常规的博物馆、图书馆这些文化休闲场所，市井集市比较烟火气的居民生活空间也是游客体验的一个亮点。

（四）新型冠状病毒肺炎对文旅市场和居民出行的影响

2020 年新型冠状病毒肺炎疫情使得旅游产业承受了前所未有的压力。从春节期间的“停组团、关景区、控疫情”，到 3 月景区逐步有序开放，各地逐步恢复省内旅游业务，从清明节到劳动节，国民旅游消费信心开始恢复，城乡居民旅游度假和文化休闲意愿处于急需释放的状态。尽管北京新发地批发市场发生的疫情让各地居民出游趋于谨慎，为期三天的端午节假期还是处于有序复苏进程。预约、分餐、适度、健康、绿色已成文明旅游新风尚，亲子、家庭、文化、品质成为广大游客新需求。旅游企业开始加速国内旅游市场战略布局和产品创新。扫码入园、刷脸通行、无接触服务、机器人送餐等技术创新已经进入了消费场景。目前旅游消费的信心正在恢复，产业振兴的动能开始积聚，旅游经济触底反弹和稳中向好的趋势仍在继续。

二、创新动能稳健发力，促进旅游提质升级

（一）旅游创新动能分析

基于新经济增长理论和对旅游业创新的实践观察，旅游创新与 IP 发展课题组研究构建了旅游创新驱动的“新钻石模型”，新技术、资本、企业家能力是内生因素，市场需求、制度因素作为两个全局性影响因素（图 1）。

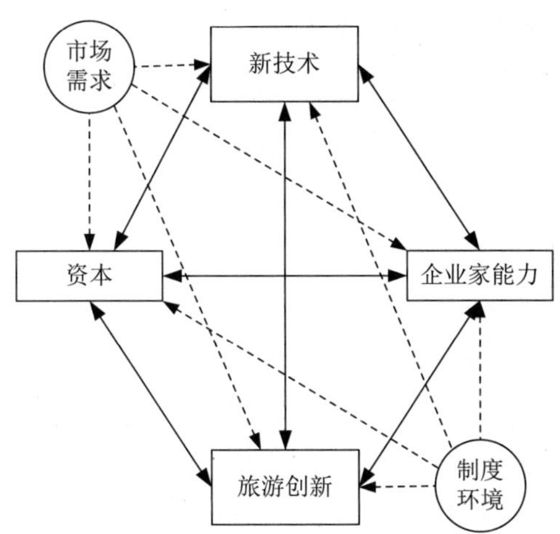

图 1　旅游业创新驱动的“新钻石模型”

制度因素对产业创新带来全局性、方向性影响，长期以来，我国旅游业的快速发展离不开政府政策的大力支持。旅游产业相关政策红利的不断释放也为旅游市场的稳步发展提供了有力保障。市场需求是推动产业创新最重要的力量，随着国人生活水平提高，消费升级带来的游客需求品质化、个性化变革，游客追求更加优质的产品和服务，文旅融合成为创新主打方向。前沿科技正在优化旅游全产业链条，人工智能深入挖掘文旅需求，大数据、5G 等技术催生旅游服务创新，虚拟现实、物联网提升游客体验，数字化为互联网旅游向物联网旅游进化提供关键链接，科技改变了旅游生态。旅游企业组织作为旅游市场的重要组成部分，旅游产业其他主体的创新举措需要借由旅游企业的实践后方可论证创新效果，同时由于旅游企业是旅游产业的一线战斗者，其能最快接受市场反馈并着手进行创新，为旅游产业的创新提供精准且充实的内容。资本投入为旅游创新提供了有力的财力、物力支持，未来，随着旅游业升级转型，旅拍服务、旅游新媒体等轻资产项目将得到更多青睐。政策优化、文旅融合、前沿科技、组织创新等创新动能稳健发力，共同驱动旅游业创新发展。

（二）供给端的旅游创新能力评价

1. 区域旅游创新能力评价体系

区域旅游创新能力是特定地域范围内政府部门、旅游企业、科研结构等各类旅游创新主体通过对资金、人力、知识、技术等要素的有效配置与合理优化的能力。这种能力不仅包含现有的旅游创新要素整合能力，也包含潜在的、未来的旅游创新能力。区域旅游创新能力具有如下特征：第一，成因多元性。基于旅游经济的综合性以及创新能力的多维性，区域旅游创新能力的形成机制与动力来源受地区社会经济、科教文化、产业结构、资源业态、管理体制等多种因素的影响。第二，系统综合性。区域旅游创新能力是由多要素构成、相互影响、共同促进的巨系统，系统内部具有表层、中层和根本性影响要素，对各类要素进行解构和系统构建是区域旅游创新能力提升的前提[①]。第三，影响关联性。构成区域旅游创新能力的人才知识、科学技术、资源市场、景区企业、管理体制等各要素间是相互影响和关联的，区域旅游创新能力是相互关联的统一体，若某一方面区域旅游创新要素或维度存在短板，将影响区域旅游综合创新能力的提升。第四，区域差异性。不同的区位条件、资源条件、市场条件、社会文化条件，隐含着不同强度和不同类型区域旅游创新要素禀赋、能力大小和效率高低，也决定了不同类型的区域旅游创新发展策略和提升路径。第五，发展动态性。区域旅游创新能力是动态发展的，之前的旅游创新要素通过必要手段进行整合和优化才能形成区域旅游创新潜力，而潜力具有后发性和潜藏性，一旦具备了发展条件即可转化为区域旅游创新实际能力[②]。

在相当长的时间里，中国大量的旅游科技创新活动基本都集中发生在有限的省域空间内，中国省域旅游产业科技创新能力总体上并不均衡；另外，旅游科技创新能力较强的省域在地理空间上基本形成了集聚发展的空间分布格局。[③]为更好研判旅游创新的效果，旅游创新研究课题组从供给端和消费端分别进行研究。从供给角度看，课题组结合旅游业创新发展实际情况，以国家统计局社科文司《中国创新指数（CII）研究》的创新指数框架为基础，建立了区域旅游创新评价体系。旅游创新能力评价，以创新环境、创新投入、创新产出和创新成效为一级指标，根据以往旅游学界、业界研究成果设定二级和三级指标。

（1）旅游创新环境体系

旅游创新环境体系主要反映驱动创新能力发展所必备的人力、财力、科教等基础条件的支撑情况，共设 3 个二级评价指标，5 个三级评价指标。

①宏观经济环境。旅游市场的繁荣来源于我国经济发展带来的人民收入水平提高和消费升级。以人均 GDP 作为衡量经济发展水平的指标，以人均可支配收入和人均消费支出衡量人民生活水平的改善和消费动态。

②旅游人才建设。人才是改革创新的主体，旅游高等院校每年输出的优秀人才可为旅游创新持续提供新鲜血液，旅游高等院校学生数量成为旅游创新环境的重要指标。

③旅游专业研究。以国家级旅游课题为代表的学术研究对全社会文旅创新投入和创新活动的开展具有带动和导向作用，该指标反映学术研究对创新重点、关键和前沿领域的规划和引导作用。

（2）旅游创新投入体系

该领域通过旅游创新的政府预算、科技研发、文化旅游资源投入情况来反映创新体系中各主体的作用和关系，该领域共设 3 个二级指标，4 个三级指标。

---

① 冯学钢，周成. 区域反季旅游概念、特征与影响因素识别［J］. 东北师大学报（哲学），2016（3）：35-41.

② 王周成. 区域旅游创新研究：要素解构、能力评价与效率测度［D］. 上海：华东师范大学，2018.

③ 王毅，陈娱，陆玉麒，等. 中国旅游产业科技创新能力的时空动态和驱动因素分析［J］. 地球信息科学学报，2017，19（5）：613-624.

①政府预算投入。旅游创业创新的持续健康发展，既需要政府政策导向和扶持，同时也需要政府通过预算支出等调控手段加大对旅游创新的投入力度。

② R&D 经费支出。科技研发支出是反映国家或地区科技投入水平的核心指标，也是衡量旅游创新可持续发展能力的重要评价指标。

③资源投入支出。文化旅游市场的创新发展以旅游目的地的资源禀赋为基础，旅游和文化资源的开发投入是反映创新投入的重要指标。全国各地文化场馆的规模发展可以作为文化创新投入的重要依据。旅游景区、星级饭店、旅行社的发展是传统旅游创新的重要组成。

（3）旅游创新产出及成效体系

该领域通过旅游产业规模，旅游业知识产权发展综合反映创新中间产出结果，该领域共设 3 个二级指标，6 个三级指标。

①游客规模。本报告重点聚焦国内旅游创新发展的成效，故不考虑游客出境旅游情况，专注国内旅游和入境旅游市场，以 2018 年入境过夜游客数量和国内旅游人数作为衡量游客规模的指标。

②旅游收入。与游客规模口径统一，旅游收入同样专注于国内旅游和入境旅游市场，以 2018 年国内旅游总收入和国际旅游外汇收入作为衡量地区旅游收入的指标。国际旅游外汇收入是指来华旅游的海外游客（包括来华旅游的外国人、华侨和港澳台胞）在大陆（省、区、市）旅游过程中由游客或游客的代表交由宾馆支付的一切旅游支出。

③知识产权。知识产权是创新领域的重要产出。本指标体系中的专利授权数包括旅游相关的发明、实用新型、外观设计三项国内专利授权数，专利授权数是创新活动中间产出的又一重要成果形式。该指标也是反映研发活动的产出水平和效率的重要指标。知识产权是智力劳动产生的成果所有权，论文同样属于知识产权的一部分。旅游相关核心论文是旅游创新成果的另一种输出形式，本文以中国知网检索的 SCI、EI、CSSCI、CSCD 核心期刊数量作为衡量创新研究成果的指标。

2. 区域旅游创新能力评价

基于上文的区域旅游创新能力评价指标体系，本文采用熵值法进行权重设定。熵值是不确定性的一种度量。信息量越大，不确定性就越小，熵也就越小；信息量越小，不确定性越大，熵也越大。因而利用熵值携带的信息进行权重计算，结合各项指标的变异程度，利用信息熵这个工具，计算出各项指标的权重，为多指标综合评价提供依据，构建基于熵值法区域旅游创新能力评价指标框架（表 1）。

表 1 旅游创新综合评价体系及权重

创新环境（24.6%）	经济基础	人均 GDP（万元）	0.046
		人均可支配收入（元）	0.044
		人均消费支出（元）	0.043
	人才培养	含旅游专业的高等学院数量（家）	0.063
	学术研究	国家社会科学旅游课题数量	0.05
创新投入（35.4%）	科研投入	R&D 经费内部支出（亿元）	0.073
	政府投入	一般公共预算支出（亿元）	0.05
	资源投入	A 类景区数量（个）	0.051
		文化场馆数量（个）	0.083
		星级饭店数量（个）	0.047
		旅行社数量（个）	0.05
创新产出及效果（40%）	游客规模	入境过夜游客（万人次）	0.083
		国内旅游人数（万人次）	0.053
	旅游收入	国内旅游总收入（亿元）	0.052
		国际旅游外汇收入（万美元）	0.08
	知识产权	旅游论文发表数量（篇）	0.052
		三种专利申请授权数（项）	0.08

※ 数据来源：①经济基础、科研投入、政府投入数据来源于全国各省、自治区、直辖市 2018 年国民经济和社会发展统计公报；②专业研究数据来源于国家级旅游基金项目数据库；旅游论文数据来源于 CNKI 检索数据；③专利申请授权数据来源于国家知识产权局网站查询数据。④人才培养、产业规模、游客规模、旅游收入数据来源于文化和旅游部官方网站及各省市文化旅游管理部门发布数据。

基于指标框架及熵值法权重分配，课题组对全国 31 个省、自治区、直辖市进行旅游创新能力评价分析，得出结果如下：

（1）华东、华南地区领跑国内旅游创新

创新能力评价结果显示，31 个省、自治区、直辖市中旅游创新能力排名前十位分别为：广东、北京、上海、江苏、山东、浙江、四川、云南、湖北、湖南。从地理区域看，华东和华南地区旅游综合创新能力处于第一梯队，华北、华中、西南地区处于第二梯队，东北和西北地区处于第三梯队。

在创新投入板块中，创新评价排名前十位的省市为：北京、山东、广东、江苏、浙江、四川、河南、上海、湖北、辽宁。科技研发投入是影响地区旅游创新能力的重要指标，R&D 经费内部支出方面，广东、江苏、北京、山东、浙江、上海、湖北、四川、河南、湖南位列前十位。从文化场馆指标来看，北京、山东、河南、江苏、四川、黑龙江、上海、浙江、广西、广东排名靠前。政府公共预算投入方面，华南、华东、华中处于较高水平。

在创新产出及效果板块中，创新评价排名前十位的省市为：广东、上海、北京、江苏、浙江、云南、山东、四川、安徽、陕西。

（2）科技投入的创新贡献日益突出

从区域旅游创新能力评价结果可以看出，区域旅游创新能力前十位与研发投入、知识产权产出的前十位高度吻合。除河南外，科技研发投入最多的 9 个地区均位列创新能力排名前十名。知识产权产出排名前十位的地区中有 7 个省市进入创新能力排名前十名。科技的创新正在不断优化旅游的信息搜索、预订、消费、体验、评价等全流程，直接改善了企业效率、效益和用户体验。

（三）需求端的旅游创新能力评价

从需求角度，课题组组织专项调查，研究在国内 60 个主要旅游城市游客的创新感知情况。结果显示，旅游创新初见成效，53.5% 的受访者表示效果显著；游客对景区和住宿的创新感受最为强烈；科技创新最为关注，信息和服务提升显著。游客的反馈也会映射出未来的方向，未来还需在提高性价比、优化商业模式、加强创新宣传传播等方面加大改进力度。整体来讲，游客的创新感知整体较好，但是未来还需要在多个领域发力。

三、创新视域下的旅游 IP 内涵及发展

（一）旅游 IP 的内涵

IP 是 intellectual property 的缩写，意思是知识产权（全称为 intellectual property right）。知识产权是一种无形的财产权，也称智力成果权，它指的是通过智力创造性劳动所获得的成果，并且是由智力劳动者对成果依法享有的专有权利。旅游 IP 是指基于旅游资源或旅游地域的独特性，在与旅游要素融合发展的基础上，以游客为中心创造出的具有排他性的旅游知识资产。旅游 IP 的创新路径主要靠技术、文化资本、企业家的推动。旅游 IP 通过轻资产、差异化战略、产业链打造，不断优化商业模式。旅游 IP 创新的实践包括与住宿、景区出行、购物、餐饮等产业融合。

（二）旅游 IP 的创新路径

1. 新技术驱动的旅游 IP 创新

符合社会发展需要的技术壁垒一旦形成，并以知识产权专有性为保护屏障，往往为企业带来最坚实的核心竞争力。它将比资本、市场、渠道、创意、商业模式等所形成的壁垒更加难于突破，更加易于形成知识产权构建的护城河。纵观国内外企业发展历史，能持续发展的企业的背后，往往都是以持续不断的技术创新或者技术应用创新为基础的。迪士尼主体乐园，能在全球盛行多年不衰，对新领域、新技术、新需求的持续不断探索基础上，形成的不断扩充和更新的内容和体验，是非常重要的一个原因。以上海迪士尼乐园为例，飞跃地平线、沉落宝藏之战，以及明日乐园中的极速光轮、巴斯光年、星球大战基地、太空幸会史迪奇等品牌项目，无不是以高科技为支撑的。

2. “文化 +” 主导的旅游 IP 融合创新

优质内容是核心竞争力。大众旅游和分众市场快速发展的时代，品质化、休闲化需求加速增长，游客对文化消费增加。以市场需求为导向，构建文化与旅游融合的消费场景，是旅游 IP 创新的重要方向。旅游 IP 开发可借力已有文学、文化等素材，从中汲取灵感，讲好故事。迪士尼十分擅长学习和挖掘历史资源，从世界范围内的经典名著、童话故事乃至神话传说中寻找具备迪士尼属性的 IP 形象，最典型的代表就是《格林童话》中的白雪公主和来自中国的花木兰等。华夏上下五千年灿烂文明，积累了大量原生态的民间故事、传说和神话，是中国文化当中取之不尽用之不竭的文学宝库，值得开发的 IP 有待旅游从业者深入挖掘。

3. 资本推动的旅游 IP 创新

外部收购是快速实现 IP 内部化的有效途径。相比较原创和开发，并购可以更快速扩充 IP 家族。以迪士尼为例，通过对皮克斯、漫威到卢卡斯的收购，迪士尼分别建立了在动画、超级英雄以及科幻电影等重要领域的布局，成功占领家庭儿童以及主流年轻消费市场。华特迪士尼已经拥有庞大的 IP 群及雄厚的影视资源，源源不断地吸引更多粉丝进行多种途径的消费，完成全产业链的打造。

此外，国内旅游集团也在尝试通过并购策略收获优质 IP。2016 年，万达集团正式宣布以不超过 35 亿美元（230 亿人民币）现金收购美国传奇影业，并购传奇影业的价值并不仅限于电影本身，传奇影业拥有几千个 IP 电影版权，这些将会变成万达旅游业的延伸，增加万达各个产业的协同效果。

（三）旅游 IP 的影响和应用

旅游 IP 有利于提炼旅游产品的优质内容，丰富旅游场景的创意，为旅游创新提供更多的方向。旅游 IP 正在锻造美好生活。对于游客而言，通过旅游 IP 植入，打造富有鲜明主题性的旅游目的地和优质的旅游产品，可以满足游客对旅游产品多样化、个性化的需求，提升体验；对于景区而言，旅游 IP 具有强内容力、高排他性和强识别性，利于景区设计独特的产品内容，提升景区吸引力和用户黏性；对于旅游行业而言，旅游 IP 促进“旅游 +”复合型发展，实现跨界融合，丰富旅游业产品业态。

从旅游 IP 的典型应用来看，时尚科技领衔 IP 活化，新零售助力价值变现。科技时尚元素不断融入，让旅游 IP 的发展有了更多的拓展。网红博物馆、非遗等文化 IP 推动了旅游品质升级，科技、时尚多元素融入 IP 催生出一批文旅新业态。抖音、快手等短视频传播扩大了文旅 IP 效应，推送城市新地标，拓展乡村文化传播空间。

四、未来趋势和建议

未来旅游 IP 的长效运营有待深入，主要包括以下四个方面：

（一）品牌化长效运营

当一个现象级的 IP 出现之后，旅游 IP 的运营商不能仅仅关注短期流量效应，还要关注长期的收益。要向着品牌的方向去维护发展，最终才能实现旅游目的地资源的持续开发和长效运营。需要引发游客在文化和情感上的共鸣，旅游品牌可以让共鸣转化为更深刻的价值认同，进而形成更具有黏性的产品信任。

（二）文化内容挖掘

文化内涵是旅游 IP 的一个灵魂。现在旅游市场的竞争十分激烈，IP 的运营需要建立在文化精髓的挖掘基础之上。国民对旅游的认识已经走过了“看山看水看风景”的初步阶段，开始走向“观文品史，体验生活”的新阶段。在这一背景下，我们既要努力让群众更多地走近文博，也要加强融合创新，持续提升人民生活品质和国民综合素质[①]。旅游 IP 发展通过不断增强自己的造血能力，将传统的文化、新的理念融入内容里面，不断推出有特色的文化或者一个概念，这样才能提升持久的影响力。

（三）知识产权保护

现在旅游 IP 的概念还在提升或者快速发展阶段，知识产权保护现在还集中在初级阶段，没有成体系化的东西，很多都是在一个模糊的边缘地带。旅游 IP 是一个排他性的知识资产，知识资产的有效利用必须建立在完善的知识产权保护和应用制度下，可能未来 IP 的授权、维护需要不断去规范，慢慢建立一个标准或者一种制度去制约，整个产业就可以在合规的环境中去运营、去创作、去保护、去运用，这样整个 IP 发展才能有一个良好的环境。

（四）市场创新推动

市场创新推动旅游 IP 的发展，市场创新和 IP 发展是一个相辅相成的过程，一方面，旅游市场创新环境为旅游 IP 的发展壮大提供技术、制度、人才等多方面的资源支持，推动旅游 IP 的内容创造和推广维护。另一方面，旅游 IP 作为旅游创新的重要组成，丰富了旅游产品的主题和创意，提升了游客的旅游体验，为旅游创新提供更多方向，助力旅游行业高质量发展。

未来，旅游 IP 创新将向着有理性、有温度、有品质的方向发展。

① 戴斌 . 文化遗产不只是繁华记忆［N］. 中国文化报，2019-05-11（007）.

景区数字文旅融合高质量发展路径探析

——以山东龙口南山旅游景区为例

曹会娟，王树武

（烟台南山学院，山东 龙口 265700）

摘　要：随着中国经济的转型升级，数字经济成为助力旅游全产业链发展的重要突破口，“科技＋文化＋旅游”融合发展的数字文旅将成为旅游新的发展趋势。景区作为旅游产业的重要组成部分，全域旅游的重要节点，加快景区数字文旅融合的高质量发展，是提升景区综合竞争实力的必然选择。本文分析了南山旅游景区数字文旅融合实践探索，对其文化旅游资源进行梳理，总结其数字文旅融合的主要措施、发展成效及遇到的突出问题，并提出景区数字文旅融合高质量发展路径。

关键词：景区；数字文旅；融合；发展路径

一、引言

2016 年 10 月 9 日，习近平总书记在中央政治局第 36 次集中学习中明确要求“做大做强数字经济”，2017 年 10 月 18 日，习近平总书记在党的十九大报告中进一步提出“建设科技强国、质量强国、航天强国、网络强国、交通强国、数字中国、智慧社会”，明确了建设数字中国的未来构想；《“十三五”旅游业发展规划》指出，互联网成为基础设施，成为各行各业的基础要素，信息技术推进生产方式、管理模式、营销模式和消费形态的转变[1]。随着中国经济的转型升级，数字经济成为助力旅游全产业链发展的重要突破口，“科技＋文化＋旅游”融合发展的数字文旅将成为旅游新的发展趋势[2]。景区作为旅游产业的重要组成部分，全域旅游的重要节点，加快景区数字文旅融合的高质量发展，是提升景区综合竞争实力的必然选择。

二、南山旅游景区数字文旅融合发展背景

在国家政策发展指引下，中国文化和旅游产业的数字化正在加速前进，现代科技是现代旅游业的基础，也是推动旅游业进步的关键力量。根据第 44 次《中国互联网络发展状况统计报告》，截至 2019 年 6 月，我国网民规模达 8.54 亿，手机网民规模达 8.47 亿，数字文旅拥有庞大的人口基础。以快手、抖音为代表的短视频，以 B 站为代表的交互型长视频等，这些充满原生内容的新型平台，既是激发游客旅游需求的新触点，也是旅游

［作者简介］曹会娟（1986—），女，河北晋州人，烟台南山学院，硕士研究生，讲师，研究方向为旅游文化、旅游资源规划与开发，E-mail：411486504@qq.com；王树武（1984—），男，内蒙古商都人，烟台南山学院，硕士研究生，讲师，研究方向为旅游文化，E-mail：761392991@qq.com。

产品与服务分发渠道的新出口。以其为代表的数字经济方兴未艾，正在重构文化和旅游产业新格局[3]。

南山旅游景区位于山东省烟台市龙口市，2019年1月开通龙口到烟台、青岛、威海、济南动车后，海陆空交通网络更加完善，旅游的时空距离进一步缩短。南山旅游景区处于周边烟台山、昆嵛山、蓬莱阁等众多优质自然人文旅游资源包围之中，从资源品质本身来看，并不具有较强的竞争力，但南山旅游景区隶属于南山旅游集团，其拥有完整的传统旅游产业链条，在旅游产品创新和销售方面有一定的基础和实力，尤其近年来，在开展校企融合的过程，通过与烟台南山学院动漫专业、艺术设计专业及旅游专业的深度合作，在景区文旅融合发展方面进行了有益的探索和实践。在全域旅游整合发展的大前提下，实现景区的数字文旅融合发展，加大数字文旅产品的创新和宣传力度，是南山旅游景区突破资源的桎梏，在新一轮的旅游竞争中占领发展高地的重要机遇。

三、南山旅游景区数字文旅融合实践

南山旅游景区位于山东省烟台市龙口市境内，国家5A级旅游景区。依托烟台海洋自然条件、历史人文资源以及南山完整的旅游产业链条发展数字文旅，在促进区域旅游产业升级及高质量发展方面起到一定的促进作用。

（一）文化旅游的资源概况

南山旅游景区分为宗教历史文化园、中华历史文化园、东海旅游度假区、南山大院、南山马术俱乐部等部分。其中，宗教历史文化园内的南山禅寺、香水庵、灵源观等均为晋、唐遗迹，锡青铜坐佛（高38.66米，重380吨）——南山大佛和室内玉佛（高13.66米，重660吨）——南山药师玉佛成为景区两大亮点。中华历史文化园内按照中华上下五千年各个朝代顺序建设的建筑，全面展现了中华文明的博大精深和民族文化的多姿多彩。东海旅游度假区拥有20千米黄金海岸线，烟台市首家标准化的游艇俱乐部——南山游艇俱乐部。南山大院展示了黄县民间传统建筑风格、风土人情、民俗艺术。南山马术俱乐部配套设施完善，场地广阔，配有数名资深马术教练（表1）。

表1 南山旅游景区文化旅游资源一览表

景点	文化旅游资源
宗教历史文化园	南山禅寺、香水庵、灵源观、南山大佛、室内玉佛
中华历史文化园	原始社会，春秋战国，唐、宋、元、明、清古建筑
东海旅游度假区	黄金海岸线、南山游艇俱乐部
南山大院	黄县民间传统建筑、风土人情、民俗艺术
南山马术俱乐部	马术表演

景区先后获得“美丽中国”十佳旅游景区，全国工农业旅游示范点，国家级森林公园，山东省服务名牌，烟台市青少年爱国主义教育基地，烟台市历史教学实景基地，烟

台市，山东省中小学员研学实践教育基地等荣誉称号。

（二）数字文旅融合的主要措施

1. 开发高质量文化旅游产品

南山旅游景区明确旅游建设目标，坚持“以文促旅、以旅彰文、宜融则融、能融尽融”，深入挖掘文化资源特色，开展基础设施建设，促进文旅融合发展，提升景区的旅游价值。在文旅资源集约整合方面，依托景区宗教历史文化，开发系列禅修旅游、禅茶一味旅游产品。深入挖掘中华历史文化园文化精髓，以博大精深的中华历史发展为脉络，开发“穿越上下五千年”探寻历史旅游产品；东海旅游度假区拥有优质海洋资源，以海洋资源保护和开发为主题，开发“小小航海家”探险项目；借助南山大院特有的胶东民间传统建筑、风土人情及民俗艺术展，开展非物质文化遗产传承等旅游活动；以南山马术俱乐部为主要依托，开发“小小骑士”马术运动体验项目。多样的文旅融合旅游产品，丰富了游客的旅游体验，在旅游中真正实现了文化 + 旅游“1+1>2”的效果。

同时，在“五一”“十一”、南山庙会等重要节假日，南山旅游景区会推出中华老年旗袍秀、胶东大秧歌、皮影戏等非物质文化遗产项目，增加游客看点并可参与其中。

2. 多渠道线上销售旅游产品

南山旅游景区与去哪儿网、携程旅行等多个网络平台建立有合作关系，准确及时推出南山旅游景区不同时期票价优惠信息，建有南山旅游景区天猫旗舰店、山东龙口南山旅游微信公众号、南山旅游景区抖音号等，定时发送南山旅游景区最新旅游动态，并可以通过相关链接或者参与活动互动，获取优惠门票。同时南山旅游景区还通过今日头条、花开龙口等十多个媒体第一时间报道景区最新资讯，让游客随时可以以最优惠的价格、最快捷的方式参与南山旅游。

3. 完善景区基础设施

南山旅游景区履行政府公共建设职责，在基础设施和公共服务方面多措并举促进数字文旅融合。着力改善景区内外航线和道路交通，持续优化客运环境，增加旅游旺季公交运输密度，引进共享自行车，满足旅游旺季的交通要求。与融创控股有限公司合作，在景区内打造高品质民宿，满足游客个性化需求。安装文化立意独特的标识牌，完成“厕所革命”，在景区和旅游道路主干线按 A 级厕所标准改造多处厕所。并且与景区附近南山国际会议中心、南山宾馆、南山国际高尔夫、东海月亮湾度假酒店强势联合，打造休闲康养旅游胜地。

4. 提高景区服务质量

大力建设智慧景区，实现景区景点 Wi-Fi 全覆盖，在山东龙口南山旅游微信公众号平台开通线上景区导览和导游讲解服务，基本实现“一机游南山”。同时在景区内部各个景点处布置导游讲解二维码，游客可以自由畅游南山，了解各个景点的相关知识。同时，景区内配有的专业导游讲解员可以提供一对一导游讲解服务或个性线路讲解服务。

（三）数字文旅融合的发展成效

通过“科技＋文化＋旅游”的融合发展，南山旅游景区在产品品类上更加丰富，景区文化内涵在产品中得以体现，并成为景区吸引游客的新名片和新亮点，游客可以体验、参与的旅游项目越来越多，游客在景区的停留时间得以延长，同时，对于南山旅游景区微信公众号、抖音号、官方微博号关注的人数不断增加，景区的美誉度不断提升，接待的省内外旅游人数连年攀升。2020 年春节假期期间，受新型冠状病毒肺炎疫情影响，前 2 天时间仍接待游客超 2 万余人。

（四）数字文旅融合的突出问题

1. 景区旅游 IP 不够凸显

南山大佛为南山旅游景区对外宣传主要标识，导致省内外许多游客认为南山旅游景区仅仅是一个宗教旅游胜地，对于景区内其他的景点、旅游项目并不熟悉，景区旅游 IP 受众范围有限，在一定程度上限制了旅游客流。如何在现有旅游 IP 的基础上，进行景区新 IP 的打造，是南山旅游景区数字文旅融合过程中需要突破的难题。大众旅游时代的到来，很多游客已经采取自助游、自游行的方式，渗透到当地居民的日常生活中。景区及其所在区域携手共创主客共享的美好生活空间，深入洞察游客旅游需求，是其打造网红旅游 IP 的重点和方向，但是在旅游 IP 打造的过程中切忌急功近利，要有足够的耐心。

2. 景区数字文旅产品少

南山旅游景区始终秉承“以文促旅，以旅彰文”的发展理念，在 2017 年亦开始文化旅游产品的开发，依托景区丰富多样的旅游资源逐步形成了“禅修”系列文化旅游产品、“穿越上下五千年”历史文化、“小小骑士”、非物质文化遗产传承、“小小航海员”系列文化研学旅游产品，深受省内外游客的喜爱，但还没有实现文旅产品的数字化，景区科技专业技术人才的缺乏，是景区数字文旅产品开发的最大难题，与产品相配套的旅游纪念品也没有相应开发出来，目前，景区旅游纪念品单一、同质化严重，缺少景区特有的文化标识。

3. 景区需打造全面服务数字平台

景区的数字化服务还处于初级阶段，南山旅游景区微信公众平台的地图导览、景区讲解，还无法做到 VR 效果，仅仅体现了景区游览的热门和常规线路，对于线路节点的景点仅进行概况式讲解，景点文化内涵，在此可参与体验项目均没有介绍。景区自助游如遇问题，只能求助在线客服，在问题处理和反应上存在滞后问题。景区打造包括线路制定、在线 VR 讲解、游客服务、应急管理等全方位的数字服务平台还存在一定难度。在资金上投入比较大，平台的运行及维护，专业技术人才缺乏。

四、景区数字文旅融合高质量发展路径

（一）以游客需求为导向打造网红旅游 IP

数字文旅融合是新时代旅游产业转型升级发展的客观必然，是新时代解决人民对美

好生活的追求向往与发展不平衡不充分这一矛盾的有效路径选择。以大数据洞悉消费需求，把握市场趋势，发现游客真实需求，以此为导向打造网红旅游 IP，实现景区引流的目的。同时，游客在旅游过程中不仅仅关注景区本身，游客在旅游目的地会广泛地介入到城乡居民的日常生活空间中。南山旅游景区所在龙口市，为中国百强县，中国“文明城市”“好人之城”，其和谐富裕的生活环境、淳朴友善的民风民俗也对外来游客构成巨大吸引力，是名副其实的“养心天堂”。大的区域旅游 IP 的塑造，对于区域内景区联动，全域旅游大格局的打造及共建主客共享的美好生活空间十分有益。

（二）大力研发景区数字文旅产品

数字文旅产品的研发是加快景区转型升级，促进景区高质量发展的重要抓手。景区内部文化旅游产品基本成型，实现旅游景区文化产品数字化，可以更好地服务自助游游客，提高游客满意度，同时有助于景区的线上宣传。同时，依托景区现有文化旅游产品，研发与文旅产品一脉相承的旅游纪念品，打造南山旅游景区独有的文化标识。如故宫推出的帝王、宫女等系列的宫廷玩偶，以其独特的文化标识赢得消费者共识，让冰冷的、遥远的帝王文化、文物进入到老百姓的生活中，让古老文化焕发新的生命力。同样，南山景区依托“穿越上下五千年”历史文化游可开发活字印刷、木拱桥传统营造模型、古建筑拼插等特色纪念品，针对非物质文化遗产传承项目开发主题面塑系列摆件等。并将这些独特的纪念品放到网上进行销售，方便游客选购，增强南山数字文旅产品的影响力。

（三）合理构建数字文旅融合系统化工程

景区数字文旅融合发展不是单纯的一个个体，而是全域旅游的重要节点。因此，景区的定位、文化挖掘及数字平台打造要与区域发展整体吻合。这就要求区域要做好顶层旅游规划设计，为各个节点的发展把好方向。在数字文旅融合过程中，通过市场体系内外机制协调、各项功能互补和要素优化组合，着力构建融合系统工程，营造良好商业氛围和产业生态，否则产业圈内的各方面利益诉求未能得到有效的满足，将对构建的融合路径造成负面影响。文旅融合系统工程应是一个开放有序和良性运行的系统，即在系统内要实现政府机构、企业经营、产业形态、产品和服务、供销渠道和消费终端的立体融合，各相关主体的利益博弈是在法治主导的规则下良性运行的，并且高效率地推动文旅融合迈向纵深[1]。

（四）处理好科技、文化和旅游企业的竞合关系

毫无疑问，在景区数字文旅产品开发及智慧景区打造运营方面，科技公司有绝对的优势，腾讯文旅成功运作的“一机游”和“城市行囊”就是典型例子。数字文旅融合势必促进科技、文化和旅游产业边界的深度渗透，加速改变三个产业范围内企业的业态布局和利益分配。在项目的开发建设和运营管理过程中，要树立利益共赢共享的理念，以促进形成融合发展的利好格局为重，积极消除融合的边界壁垒，降低企业间的交易成本，减少重复开发和无效竞争，避免浪费社会资源，集中精力、财力和物力促进数字文旅产业融合发展，共同开发和做大旅游市场份额，形成良性的竞争与合作关系。

参考文献：

［1］范建华，李林江.文旅融合趋势下的旅游产业高质量发展思考——以广西北海涠洲岛为例［J］.南宁师范大学学报（哲学社会科学版），2020（1）：119–125.

［2］徐菲菲，黄磊.景区智慧旅游系统使用意愿研究——基于整合TAM及TTF模型［J］.旅游学刊，2018（8）：108–116.

［3］戴斌.数字时代文旅融合新格局的塑造与建构［J］.人民论坛，2020（3）：152–155.

疫情常态化背景下景区营销模式转向及其策略选择

伍玉婷，吴贵华
（华侨大学旅游学院，福建 泉州 362021）

摘　要：基于新结构经济学理论，本研究构建“旅游产业要素禀赋结构—产业、技术变革—旅游景区营销模式转向—疫情常态化景区运营策略选择”的分析框架，并以布达拉宫“云春游”直播和数字故宫两个具体案例，探讨重大疫情危机背景下旅游景区的营销模式及其策略。文章认为，旅游业需要推进以新技术推进旅游供给侧改革，旅游企业应优化景区人力资本配置结构，完善景区营销战略选择，形成“智慧＋全域”的疫后旅游，以实现旅游景区在疫情危机期间及后疫情时代的突破与发展。

关键词：新结构经济学；新冠肺炎疫情；旅游景区；营销模式；策略选择

一、引言

自 2020 年 1 月以来，突如其来的新型冠状病毒肺炎（以下简称“新冠肺炎”）疫情对旅游景区发展造成严重冲击，旅游收入呈现“断崖式”下跌。根据文化与旅游部的统计数据，2019 年春节假期实现了 5139 亿元的旅游收入，受疫情影响 2020 年春节假期损失估算达 5500 亿元[1]。可见，在严重疫情冲击下，旅游景区面临着生存发展的困难和挑战。与此同时，伴随着 5G 技术落地以及旅游业信息化水平的广泛推进，旅游市场环境发生结构性变革；在突发的疫情危机驱动下，景区将加快旅游产业营销模式转向和策略选择的变革，既可以达到弱化疫情常态化背景下对旅游景区的负面影响，又能够推动旅游景区经济复苏并长期向好发展。因此，对旅游景区在遭受疫情重创后的新型营销模式发展与策略变革进行系统性研究具有现实意义。

疫情导致实体经济一蹶不振，不同行业面对消费者在疫情期间长期足不出户的隔离状态，做出了一系列营销模式转变。例如，传统房地产企业积极抓住现代热门技术作为机遇，在疫情期间通过 VR 看房项目迈出了房地产企业转型线上营销的重要一步；传统线下健身房企业“超级猩猩”在疫情期间首次尝试线上直播课，出乎意料地实现了在线人数超过 17 万的效果；彩妆企业“THE COLORIST 调色师”在疫情期间加速开展了小程序电商、直播电商板块等一系列线上运营模式，同时将门店试用装成本倾斜至线上体

［基金项目］华侨大学研究生科研创新基金资助项目“旅游企业授权型有效追随行为研究”（18013121019）。
［作者简介］伍玉婷（1996—），女，湖南永州人，华侨大学，硕士研究生，研究方向为旅游企业管理，E-mail：1046029228@qq.com；吴贵华（1985—）（通讯作者），男，福建政和人，华侨大学，博士研究生，研究方向为旅游经济，E-mail：wuguihua@hqu.edu.cn。

验，强化消费者线上选购需求的满足，打造消费闭环①。可见，传统线下企业在遭受疫情冲击下实现自救与发展突破，重视企业营销模式转型与策略变革是长期的有效解决途径。同样地，作为依赖人员流动和面对面服务的旅游企业，一方面，疫情冲击使其陷入经营困境，如日本神户夜光邮轮公司无力应对疫情对业绩的剧烈冲击而宣告破产[2]；另一方面，疫情危机带来的旅游市场结构变化，为旅游企业进行业态创新和发展转型提供了机遇。如旅游景区尝试结合 VR、AR、5G 等新技术，推出了“云旅游”②“旅游直播间”③和虚拟旅游体验工厂④等新的旅游体验模式。

为此，本研究基于新结构经济学的理论视角，构建疫情常态化背景下旅游景区营销模式转向及策略选择的分析框架，通过布达拉宫“云春游”直播和数字故宫两个典型案例分析，探索旅游景区在突发公共卫生事件下新型营销模式发展与策略选择，试图为“景区如何与后疫情时代的旅游市场衔接，如何进行营销模式的转变与策略选择”提供理论支持与实践指导。

二、新结构经济学视角景区营销模式转向的分析框架

（一）新结构经济学在旅游企业中的分析框架

新结构经济学的切入点是要素禀赋结构。该理论认为，一个经济体在每个时点上的产业和技术结构内生于该经济体在该时点给定的要素禀赋和结构，与产业、技术相适应的软硬基础设施也因此内生决定于该时点的要素禀赋结构[3]。新冠肺炎疫情冲击下，旅游市场结构和景区要素禀赋结构不断演变，景区营销模式正在迭代转型。在宏观层面，互联网时代背景下衍生的“云经济”，以及新生代催生的“懒人经济”等经济需求，结合疫情期间催生的“宅经济”，使得旅游企业技术、资本、劳动力等要素结构处于不断调整的状态；在微观层面，景区的营销模式发展水平受经营规模、营销团队建设、费用投入等因素的影响，导致旅游景区在应对突发公共卫生事件时发生营销模式转向与策略选择的调整差异。因此，旅游景区重新组合要素投入，积极拓展线上业务的营销模式边界，加速传统运营模式数字化融合进程，引起景区营销模式的转变，新型营销模式与策略应运而生。疫情的常态化倒逼旅游景区求新求变，以转变营销模式，更新策略选择作为自救的可持续发展途径。营销模式与策略是旅游景区开展一切经济活动得以生存和发展获利的核心策略之一，景区通过敏锐感知互联网时代背景下新技术和新模式的衍生，

① 疫情之下，企业该如何做营销？［EB/OL］. 数英网 . 2020-02-05. https：//www.digitaling.com/articles /255569.html.

② 云南搭直播催热“云旅游”［EB/OL］. 腾讯网 . 2020-03-12.https：//new.qq.com/omn/20200316/ 20200316 A0K03C00.html.

③ 数字化转型：疫情下文娱旅游产业用淘宝直播实现自救［EB/OL］. 环球网 . 2020-03-12. https：//3w. huan qiu.com/a/68c256/3xOLc1SRvND?agt=29.

④ “云上旅游”不是梦，疫情或加速虚拟现实旅游产品升级［EB/OL］. 搜狐网 . 2020-02-19.https：//www.sohu.com/a/374143235_137257.

积极顺应技术革命和产业变革大潮的趋势，将所拥有的资源配置进行优化。这不仅意味着产品开发方向的调整，体现服务供给能力的整合，也可让景区顺利转危机为机遇，实现突破式发展。

基于以上分析，本文认为疫情常态化背景下旅游产业经济结构通过“旅游产业要素禀赋结构—产业、技术变革—旅游景区营销模式转向—疫情常态化景区运营策略选择”这一作用路径对旅游景区应对疫情危机产生影响。

（二）旅游产业要素禀赋结构调整引起旅游景区营销模式发生转变

在疫情常态化期间，86.8% 的旅游企业处于暂停经营状态[4]。可见，我国旅游景区以传统的线下经营为主要战线。其主要特点表现为：关于要素资源的利用，一般传统旅游景区在营销过程中所依赖的旅游产品对技术要素运用水平低，而部分得到发展和演变后的传统旅游景区重视技术要素运用以发挥网络营销的优势，积极构建景区电子商务平台，搭建网络销售和宣传平台以及提供网络交易等增值服务。然而，根据目前新的技术变革浪潮兴起以及疫情常态化的发展状况，能够运用现有网络营销模式的景区也不足以应对疫情冲击带来的影响。因此，创新转变营销模式成为当前景区规避风险的迫切需求。由于技术创新和产业结构不断变化促生的新产业需要更多的资本服务和更广的市场范围[3]。随着信息通信技术变革和 5G 技术大潮的迎来与应用，旅游企业要素禀赋结构在应对突发的公共卫生事件期间加速发生了改变：一方面，新技术应用让线上办公、在线教育、线上咨询、线上直播、线上医疗等数字经济消费进入大众的视线，引发关注[5]。正因为技术创新应用提供支持，旅游景区积极推动“旅游 + 互联网”模式开展的基础上，使得“云旅游”“云观展”“旅游直播间”成为可能。另一方面，在疫情常态化背景下，旅游景区纷纷开始不同的营销模式和策略的转变与选择尝试，促进了旅游企业要素的结构调整。当前的旅游经济结构在以下几个方面产生了变化：

1. 互联网、通信技术水平在旅游业领域的运用与提升

随着我国在第五代移动通信技术领域的率先突破，以及大众进入智能手机普及的时代，“旅游 + 互联网”的发展水平获得了质的提升。根据省级面板数据计量结果的研究表明，互联网显著提升了我国旅游业的规模，同时促进了旅游业多元化供给体系的形成[6]。并且，中国互联网络发展状况统计报告显示，到 2019 年 6 月，网民规模达 8.54 亿，在线旅行预订用户规模已达到 4.18 亿[7]。且 5G 技术所提供的高速率、少延迟特性推动了旅游景区的营销模式和策略的改变，为“旅游 + 直播”等新的营销模式提供了坚实的技术基础与发展空间，创造了新的营销方向，为旅游景区绩效的改善与提升提供了显著的影响。

2. 劳动力资源禀赋在旅游业的变化

旅游景区主体面临的互联网时代科技发展水平和所能够支配的要素资源禀赋决定了其采取的景区营销模式与策略的选择。伴随着技术革命和产业变革潮流推进，通信工程技术的专业人才成为社会上大量迫切需求的紧缺人才资源。旅游业领域的信息化进程同

时也促使旅游景区对现有从业人员进行相关培训，如关于互联网虚拟聚集平台的运营和新型营销手段的知识技能进行培训。此外还推动旅游景区积极引进具备新技术知识的专有人才，从而推进旅游业领域劳动力的知识结构和劳动技能发生变化。

3. 旅游企业要素生产率的改善

受互联网技术革命和产业变革的影响，旅游企业呈现出多元化的发展形式，这些变化逐渐打破了旅游产业结构的传统状态。一方面，互联网提供的虚拟聚集平台及VR、AR等技术颠覆了传统的空间地域限制，促成众多相关产业的服务商及消费者的参与，从而拓展了旅游企业的发展规模[8]；另一方面，技术变革加强了旅游企业与相关产业的联系，不断突破产业间的边界限制，旅游企业在技术发展推动的基础上为了追求效益最大化，利益驱动所形成的多元化旅游产品和服务供给体系，让旅游者得到了多样化和个性化需求的满足。由此使得旅游企业要素生产率得到显著的增效。

（三）旅游景区新型营销模式发展与策略选择

不同的旅游景区经营主体所拥有的资本、技术和劳动力等资源禀赋结构不同，导致营销过程中不同景区产生的经济收益状况与发展潜力存在差异。这一差异不仅反映旅游景区在技术和产业变革趋势中的发展方向，也反映了在遇到突发公共卫生事件时的危机管理。旅游景区作为追求利益最大化的理性经济主体，资本要素投入以及营销模式的选择会依据要素禀赋结构及其技术时代背景进行调整：一方面，由于传统旅游景区受互联网时代开放式资源整合，游客对多元化、个性化旅游产品的需求以及智慧化服务平台的运用等影响，传统封闭式的旅游发展模式显露出较大的局限性，导致部分单一依靠传统营销模式，缺乏营销变革敏锐性或没能及时顺应市场营销变革步伐的旅游景区面临着生存危机；另一方面，其他能够顺应时代的变革趋势，对营销模式和策略进行及时有效调整的旅游景区得到了可持续的发展。新型营销模式有利于景区有效整合旅游资源，维持景区的品牌知名度与热度。针对疫情下游客无法直接到达旅游目的地实地游览的问题，向数字化转型的旅游景区经营主体能够优先占领行业新市场，追逐利润最大化，通过满足更多的在线用户，获取在线用户潜在的大数据资源和旅游消费价值空间以及用户积聚后形成的规模效应，以增加客户黏性，提升旅游景区精准营销的能力，实现疫情常态化背景下景区营销模式服务体系的完善化运作。

目前，对于旅游景区如何转向新型营销模式及策略选择从而应对疫情危机的研究尚且有限，本文依据以往的研究基础，试图以此次正在全球范围突发与蔓延的公共卫生危机事件为背景，选取布达拉宫“云春游”直播和数字故宫两个典型具体的案例，分析疫情常态化背景下旅游景区新型营销模式与策略选择的路径与方向，以实现旅游景区在后疫情时代的突破与发展（图1）。

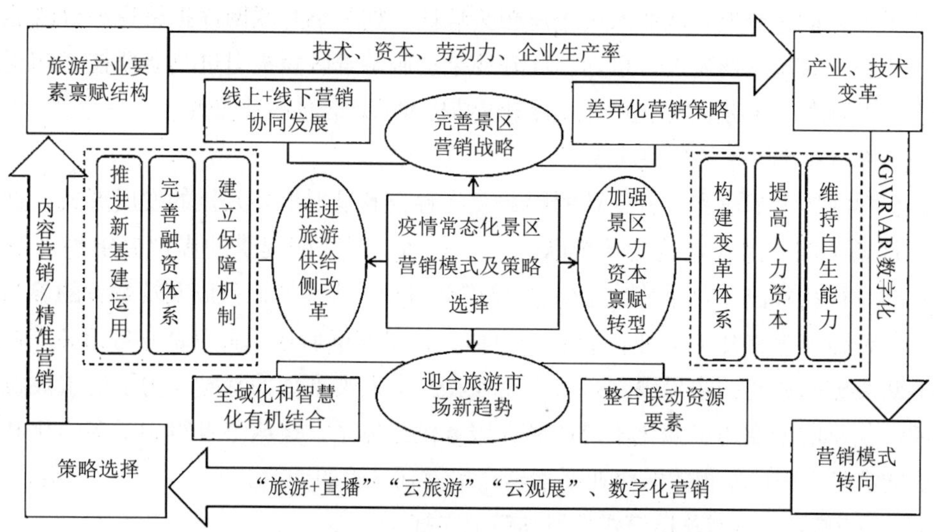

图 1　疫情常态化背景下景区营销模式及策略选择模型

三、案例分析

（一）“旅游 + 直播”的新型营销模式

当下属于网络直播盛行的时代。根据 2019 年“双 11”数据统计，“淘宝第一主播”薇娅在“双 11”期间达到了 27 亿元的销售额①。近年来，直播平台和观众数量都呈现井喷式发展。由于直播平台的传播能力广泛和即时、透明、互动等特点，为不少行业带来新的增长点。如游戏直播、交友直播、综艺直播等。尤其目前 5G 技术不断得到普及与应用，观看网络直播逐渐成为人民群众日常活动中的一种常见生活方式。而年初之际新冠肺炎疫情的暴发对旅游业产生巨大冲击，出于对疫情防控的需要，旅游景区被迫停止线下营业，旅游全行业出现资金链吃紧的现象，遭受着前所未有的寒冬期，部分旅游景区因无法抵御疫情的打击而一蹶不振。与此同时，在同样遭受疫情冲击的影响下，不少旅游景区看中“直播 +”模式的直播平台向其他各行业的渗透，创造了新的行业营销模式及用户体验方式，纷纷推出“云旅游”“云观展”等线上直播体验平台。这种“旅游 + 直播”的营销方式，在疫情常态化背景下既能够保持旅游形象与品牌的热度，又能为景区门票、酒店发挥预售功能带来良好效果；同时又开拓了线上 + 线下的复合盈利模式，一改常态仅依靠线下的营收途径。布达拉宫的“云春游”直播系列是该新型营销模式的一个典型案例。

2020 年 3 月 1 日下午，世界文化遗产布达拉宫在疫情防控期间采取了首次 5G 技术直播形式，通过淘宝直播“云春游”平台，在讲解员的带领下开展了一场与全国网民互

① 2019 年“双 11”李佳琦 VS 薇娅“直播 + 电商”迎来全面爆发［EB/OL］. 中国报告网 . 2019-11-12.http：//news.chinabaogao.com/chuanmei/201911/11124612392019.html.

动交流的“云游世界屋脊的明珠”参观游览活动。此次网络直播时长60分钟，由于网络直播没有线下客流量的压力，直播内容除了布达拉宫常规参观线路，甚至还展示了此前极少对外开放的区域。总计在线观看量达92万人次，该一小时的直播观众数量超过了布达拉宫全年150万人次客流量的一半以上。而后为了回馈广大网民参与布达拉宫首次网上直播的热情，相继又陆续推出了布达拉宫馆藏珍贵文物与精美文创产品等内容的网络直播。此外，淘宝直播平台表示，未来“云春游”将实现常态化，试图通过直播的形式，让全球各地的博物馆、景区能更好地走近游客身边。

对于线上直播动辄一小时破百万的“客流量”是布达拉宫云上转型的成功实践，首先在技术要素禀赋上，布达拉宫引入了5G技术的首次尝试，旨在让观众享受到稳定与流畅的直播画面，而资本的投入上，5G流动基站的建设、导游主播的讲解、直播平台的搭建等都需要运用到资本要素，劳动力方面对于新兴通信技术人才的引进及直播营销团队的建设等，都使得旅游产业中要素禀赋结构得到了调整，进一步引导产业与技术方面的变革，在新技术支持与直播行业盛行的大背景下，疫情再度激发了旅游景区向“旅游+直播”创新型营销模式的转变及相应策略的选择。在危机时期做营销虽然敏感且难度高，但需要认清的是，好的营销实则在帮社会做价值交换，让消费者更容易找到那些能满足他们需求的产品或者服务，再以此促进财和物的交换及流通[2]。

（二）数字化的新型策略选择

随着大数据、人工智能、云计算等各种新技术的盛行与应用，人类的信息传播进入了数字化时代。数字网络传播的实时性、互动性、无边界性以及汇聚性使得人民的思维和生活方式发生了改变[9]。同样也促进着旅游业的转型升级，在疫情防控期间，国家文物局发文鼓励发挥数字网络传播的特性来有序推进文博单位恢复开放和复工，其中的指导意见表示：建议各文物和博物馆单位继续利用数字资源，通过网上展览、在线教育、网络公开课等方式，不断丰富完善展示及内容，提供优质的数字文化产品和服务①。疫情期间虽然线下展馆关闭，但全国多地各大文博单位纷纷利用数字资源，让观众以“云参观”“云刷馆”的方式享受足不出户的文化生活。故宫博物院推出的“数字故宫”正是不断做出数字化经营的有益尝试。

2019年7月16日，18岁的数字故宫一次性推出了七款数字产品。一般情况，游客在展厅里欣赏文物无法做到全方位360°无死角欣赏，而在“数字多宝阁”里，观众能够零距离“触摸”文物并与之互动，轻松实现欣赏文物无死角的愿望。关于数字文物库，由于在故宫博物院展出的文物有限，而数字文物库涵盖了186万多件藏品，观众可以按名称、朝代、类别进行筛选检索，遇到感兴趣的文物还可以收藏与分享。为线上观众提供了一个随心遨游文物库的平台。此外，观众可以通过“紫禁城600”App去探索建筑知识和它背后的宫廷故事；通过“故宫：口袋宫匠”微信小程序游戏唤起更多年轻人关

① 国家文物局关于新冠肺炎疫情防控期间有序推进文博单位恢复开放和复工的指导意见［EB/OL］.中国政府网. 2020-2-27. http：//www.gov.cn/zhengce/ zhengceku/2020-03 /01/content_ 548 5315.htm

注文化遗产，了解建筑文化；还可以通过“玩转故宫”微信小程序里的导游“福大人”，输入自身需求得到故宫游览路线的推荐，并且可享用AI导览，获得导览问询一站式服务；不仅如此，观众还可体验在线上“全景游故宫”，选择雪景模式，欣赏从太和殿到御花园的不同场景，实现在线“云赏雪”。满足了大众在疫情期间足不出户逛故宫的需求。

数字博物馆不再是以前所认为的作为实体博物馆的额外补充形式，如今可以逐渐成为展览分类里的独立项目。因此故宫博物院对数字化经营的探索建设不只是处于疫情防控非常时期的刚需，还能够升级成为旅游者观展体验的新做法与思路，使其成为新的观展常态。在技术要素禀赋上，云计算、AI 技术、数字产品等技术的引入让旅游产品得到更好的资源整合与多平台途径的展示，且数字化技术在旅游景区的深度融合与运用需要大量的资本投入进行探索以产出新的数字化产品和服务。由于数字化技术的储备与支持，故宫博物院积极打造了线上交易与展示平台，同时，数字化建设运营与完善需要掌握核心前沿技术知识的劳动力人才做支撑，以上对要素禀赋结构的调整需求促使产业、技术变革，从而引发景区营销模式向数字化转向，数字故宫做到了在疫情危机中降低故宫博物院经营的风险，并且实现了文创衍生产品的销售功能，发挥了营销模式转向的价值最大化。

四、结论与启示

当前在我国互联网发展与技术变革的背景下，疫情常态化面前旅游企业要素禀赋结构的差异使得旅游景区经营主体表现出不同的危机应对状态。因此，在营销模式上衍生出创新型和探索式的选择：“旅游 + 直播”和数字化的新型营销模式。这两种方式都契合了旅游企业不同禀赋结构下景区经营主体的新型营销模式转向及策略选择的路径，实现了疫情常态化期间有效规避风险，提高了后疫情时代的景区经营效益。本文的案例对旅游景区实现危机中的突破，提升可持续发展的经营水平具有一定的理论意义与实践启示。

（一）以新技术推进旅游供给侧改革

党的十九大报告提出，要把提高供给体系质量作为主攻方向，推动互联网、大数据、人工智能和实体经济深度融合。且在 2020 年 3 月 4 日，中共中央政治局常务委员会召开会议提出，要加快 5G 网络、数据中心等新型基础设施建设进度，突出产业转型的新方向。旅游业与互联网的深度结合培育出的新业态，既可以弥补当前旅游景区断崖式发展状态，又能够为后疫情时代打好坚实的经营基础。在政府层面，应建立保障多元化旅游景区营销体系发展的体制机制。目前各类旅游景区经营主体对于新型营销模式的转向和策略选择仍处于起步探索阶段，自身经验尚为薄弱，在发展过程中会面临许多未知风险与障碍。一方面，政府需完善旅游景区的融资体系，实施向旅游景区关于新型营销模式探索尝试的融资政策倾斜，加大对旅游景区经营主体的信贷投放支持力度；另一方面，要增强补贴政策的实效性和针对性，根据不同旅游景区的特性采用综合的补贴形式。只有先保障旅游景区在疫情常态化背景下得以生存，才能进一步实现营销体系变革发展的需求。在旅游行业层面，针对旅游景区的硬件基础设施，应该迅速推进5G技术的建设与运用，加强旅游景区的数字化平台建设，提高景区的信息化水平，进一步降低实体运营的经营成本。此外，应着重把握旅游者需求要素，在网络互通互达的飞速发展时代，旅游者不仅是旅游过程的参与主体，同样还承担着旅游体验的宣传主体角色。因此旅游行业提供的产品与服务应进一步基于旅游者个性化需求予以优化，充分利用线上营销渠道为旅游者提供参与度高、用户体验感好的个性化服务。

（二）优化景区人力资本配置结构

人力资本的需求随着不同发展阶段的技术创新速度和风险特征的不同而发生变化[10]。且研究证明，人力资本的提高会提升处理风险与不确定性的能力[3]。因此，针对技术革命和产业变革对旅游行业的深刻影响，旅游企业对人力资本的投资应与当前发展阶段的产业特性以及风险特性相匹配。由于传统景区的人员素养与能力无法与当前技术变革发展的现状相匹配。对此，景区需要加强人力资本禀赋的转型。首先，应建构从业人员重视技术变革的价值体系，培养具备与旅游行业实现良好衔接融合的思想意识。其次，景区应积极引进能够承担技术需要及跟进潮流需求等技术研发和营销运营领域的人力资本，并且对现有从业人员进行新业态适应与发展能力方面的培训。如组织学习关于企业新型营销模式转向的成功案例，引导思考与借鉴。景区只有不断提高人力资本的投资，疫情常态化背景下应对风险的处理能力才能得到进一步加强，从而维持旅游景区的自生能力。

（三）完善旅游景区营销战略选择

新型营销模式的出现，为旅游者提供了新的满足面需求。对于营销战略选择的完善，景区应该重视线上与线下营销的协同发展策略。在旅游产品上，线上营销的初期可以采取产品差异化的营销策略，例如在景区直播平台提供不同于传统营销中实地现票外销的组合方式，推出情侣套票、大学生套票等包装后的门票销售组合。又由于线上营销渠道不同于线下模式，因此需要制定针对线上的定价策略，例如在直播平台中推出景区门票与旅游产品的最低价格，同时制定网络限价策略，使得代销商不得低于官方线上运营平台。此外，具有线上运营功能的旅游景区可以通过网络促销活动来规避或者弥补因为疫情到来导致现金断崖式的情况。此举措也可为发展乡村旅游深度扶贫提供经验借鉴，搭建乡村旅游直播平台，例如将春耕的景象以直播的方式展现出时令节气下乡村旅游目的地的特征。总而言之，旅游景区需要重视自媒体建设，积极开展内容营销，并且加码线上运营，加快拓展营销新渠道，将实体营销活动向线上转移。通过淘宝直播“云春游”和“云观展”“云刷馆”等线上活动，旅游景区可以尝试将平台流量转化为私域流量，充分利用私域流量实现降低营销成本、循环利用的效果。此外，旅游景区应积极探索私域流量的转化，拓展线上合作“朋友圈”，实现进一步的产业融合发展。

（四）形成“智慧＋全域”的疫后旅游

随着旅游行业与全域化、智慧化的概念紧密结合，利用现有智慧技术将全域资源加以整合是现代旅游市场发展的新趋势。因此，景区需要通过新型营销模式对旅游市场的需求主体再度加以市场细分，利用信息加工与处理手段将旅游消费者数据库进行匹配，获取旅游者用户画像，实现精准营销的目的。例如在景区直播平台中对观众的基本信息进行读取，再通过直播后台的时间段观看人数及互动程度的数据监控，以及平台互动区的文本交流信息词频的提取与归纳，从各项数据结合以发现旅游消费者的行为偏好及营销的效果水平，以便在后期的营销过程中不断优化内容，推出更具精准性的旅游产品。此外，旅游资源作为景区生存发展的基础，在新型营销模式转向过程中结合全域旅游资源开发与整合的理念，将食、住、行、游、购、娱进行联动整合，景区可与其他合作平台形成利益相关者的群体关系，例如旅游者需求为乡村旅游景区周边的当地特色饮食，则景区可与周边农户进行平台合作，从食材的选取到制作及品尝的全过程通过直播平台展示出来，借鉴吃播的经验，以刺激直播观众的旅游需求；同时还达到了发挥乡村旅游扶贫、促进乡村振兴的作用。因此，在疫情常态化背景下有机结合全域化和智慧化，整合相关要素，有利于推动景区迎合旅游市场新趋势，为后疫情时代迎来“报复性旅游”做好铺垫。

参考文献：

[1] 吴浩. 旅游业发展面临的挑战与机遇［N］. 经济日报，2020-03-21.

[2] 黄雪莹. 新冠肺炎疫情对旅游业的影响及应对策略［N］. 中国旅游报，2020-02-28.

[3] 林毅夫.新结构经济学的理论基础和发展方向［J］.经济评论，2017（3）：4-16.

[4] 明庆忠，赵建平.新冠肺炎疫情对旅游业的影响及应对策略［J］.学术探索，2020（3）：124-131.

[5] 夏杰长，丰晓旭.新冠肺炎疫情对旅游业的冲击与对策［J］.中国流通经济，2020，34（3）：3-10.

[6] 杨勇.互联网促进旅游业提质增效了吗？——基于我国省级面板数据的实证分析［J］.旅游学刊，2020，35（1）：32-46.

[7] 第44次中国互联网络发展状况统计报告［R］.北京：中国互联网络信息中心，2019.

[8] 唐红涛，朱晴晴，张俊英.互联网商业生态系统动态演化仿真研究［J］.商业经济与管理，2019（3）：5-19.

[9] 叶致芸. 数字化时代报纸经营策略［D］.南昌：江西师范大学，2010.

[10] 林毅夫.新结构经济学、自生能力与新的理论见解［J］.武汉大学学报（哲学社会科学版），2017，70（6）：5-15.

新冠肺炎疫情下滑雪体育场馆企业面临的困境、机遇与出路

刘花香

（中国旅游研究院，北京 100005）

摘　要：滑雪场馆是保障 2022 年冬奥赛事顺利开展，助力“三亿人参与冰雪运动”目标实现的重要载体。该研究主要采用文献资料法和专家咨询法，对新冠肺炎疫情下滑雪场馆企业展开研究，旨在从“疫情危机”中找寻“行业契机”，探索出路，为疫后滑雪场馆企业的复工提供发展思路。

关键词：滑雪场馆；新冠肺炎疫情；困境和出路

一、新冠肺炎疫情下滑雪场馆企业面临的困境

（一）滑雪场馆运营管理方式遭重创

新型冠状病毒肺炎（以下简称“新冠肺炎”）疫情的突袭，全面暴露出我国滑雪场馆运营项目单一、合作网络欠缺、信息化不足等诸多缺陷。作为重资产项目，滑雪场靠运营获取投资回报的周期长，“一季养三季”的运营模式回笼资金少、周转速度慢，过重的经济负担将直接威胁到滑雪场馆的生死存亡；在信息化时代，滑雪场馆传统的作坊式、粗放型的落后管理方式带来的弊端已初现，过度依赖线下场景，忽视信息化的建设、数字化的应用、智慧化的运行，在缺乏有效的线上管理基础上，面对来势汹汹的新冠肺炎疫情，滑雪场馆反脆弱、化危机的信息化手段缺乏[1]。

（二）滑雪场馆企业资金链面临断裂风险

受新冠肺炎疫情影响，滑雪场馆的现金流大幅度减少。数据显示，2019—2020 雪季北京万科石京龙运营时间由往年的 101 天，缩减至 63 天，收入减少约 1100 万元；北京南山滑雪场收入减少约 40%；崇礼万龙滑雪场收入减少约 1.3 亿元，太舞滑雪小镇损失超过 1 亿元，滑雪场馆营业收入的锐减致使滑雪场馆的财务现金流不足。根据《中国滑雪产业白皮书》（2019 年度报告）数据显示，此次疫情致使国内滑雪场馆的短期收入损失约为 66.8 亿元，综合其他方面的损失，国内滑雪场馆的总损失将达 81.5 亿元，这一数字揭示出我国不同体量规模滑雪场馆将陷入资金流的难关。

（三）滑雪场馆相关业态的服务停摆

自新冠肺炎疫情席卷各大城市，武汉实行封城以来，北方各大户外雪场和南方室内

［作者简介］刘花香（1990—），女，湖南攸县人，中国旅游研究院博士后，研究方向为冰雪旅游、体育旅游，E-mail: 254880672@qq.com。

雪场逐步清场谢客，以滑雪场馆为核心连接滑雪赛事、雪具租赁和销售等相关业态的各项服务也进入休克。原定 2 月 15—16 日在北京举办的冬奥会第一场测试赛——高山滑雪世界杯被迫取消；原计划 2 月在内蒙古举办的“十四冬”被迫延期[2]；作为国内知名的滑雪装备销售商，冷山雪具店布局在各大滑雪场馆的雪具租赁业务也按下同步暂停键，相比 2019 年 2 月销售额的 200 万元，冷山雪具店 2020 年 2 月营业额仅 20 多万元。

（四）滑雪人数锐减，市场需求萎缩

春节期间的新冠肺炎疫情将滑雪场馆运营方“万事俱备等春来”的希冀扼杀在摇篮里。2020 年 1 月崇礼滑雪旅游人数同比降低 14%，酒店入住同比下降 19%，吉林作为滑雪旅游大省，2020 年第一季度旅游业收入减少 1100 亿 ~1200 亿元。随着新冠肺炎疫情肆虐力度的减弱，2 月底，政府因地制宜开始解禁不同行业，河北崇礼、浙江、吉林等地的滑雪场馆相继复工，在严格的管控之下，万龙、云顶、太舞等大型滑雪场的日到访滑雪游客仅百人，新冠肺炎疫情全面浇灭了市场消费者的滑雪热情，滑雪人数锐减，市场消费需求明显萎缩。

二、新冠肺炎疫情下滑雪场馆企业蕴藏的机遇

（一）政策帮扶有利于提高滑雪场馆生存概率

为缓解新冠肺炎疫情对冰雪产业造成的消极影响，北京市、河北省、吉林省、浙江省等地政府积极启动响应，采取措施帮扶冰雪企业，为冰雪企业走出创伤、谋求发展创造更多机会。如北京市体育局、崇礼区政府、吉林省政府、浙江省政府等部门积极从税收、信贷、金融、财政等多个层面提供实质性的帮扶，为缓解滑雪企业的资金压力、提高企业抗风险能力，为企业重整旗鼓、谋求发展提供了政策和经济上的支持和保障[3]。

（二）户外健身场景消费迎来新的风口

“窝居”成为疫情下大部分社会成员的常态化生活方式，在封闭的物理环境中，耳闻目睹到生命的脆弱和生活的无常，让大众对健康有了更深层次的理解与感悟，健身、户外、休闲等增强身心健康的活动和消费将迎来新的风口。新冠肺炎疫情缓解过后，集聚运动、休闲、娱乐、健身、旅游等多种功能为一体的滑雪场馆，依托山地自然风光和现代时尚风情，势必将成为消费者追寻健康和休闲的户外天堂，这为滑雪场馆的重启和复业提供了新的机遇。

（三）疫情危机有望催生滑雪场馆新巨头

新冠肺炎疫情的暴发将给体制较差的中小型滑雪场馆企业带来毁灭性的打击，也为“免疫力”较强的滑雪场馆打破传统桎梏，催生新业态，变革发展方式，实现高质量发展提供新的契机。此次新冠肺炎疫情也将成为滑雪场馆企业进入两极分化的分水岭，抵御风险较弱的中小型滑雪场馆将面临资金链断裂和企业破产的风险，最后淘汰出局；具备先进理念和创新精神的滑雪场馆，通过调整战略决策，重组产品结构，优化核心竞争力，强化供给侧改革，重塑滑雪场馆形象，最终将从疫情危机中脱颖而出，成为疫后引领滑

雪场馆企业发展的楷模和领航者。

（四）滑雪场馆信息化进程按下快进键

新冠肺炎疫情的暴发为滑雪场馆信息化发展按下了快进键，滑雪场馆的信息化、数字化，从附加项将演变成为滑雪企业必选项。为做好疫情防控工作，滑雪场馆将不得不实行全流程的在线化，不得不对产品、营销、服务等实施信息化搭建，不得不对组织本身的结构和管理方式进行数字化转型。可见，此次疫情更像是一次外力倒逼，对滑雪供需双方进行了一次数字经济的全方位启蒙和行为习惯的培养，而“数字化竞争”也将变成滑雪场馆商业竞争的基础逻辑[4]。

三、新冠肺炎疫情下滑雪场馆企业的出路

（一）政府科学制定和落实帮扶举措

针对疫情对滑雪场馆造成的重大创伤，各级政府及相关部门在启动和落实财政政策、税务政策、信贷政策、社保政策等相应措施的基础上，还应组织相关人员对疫情下全国滑雪场馆企业展开深入调研和科学评估，准确把握滑雪场馆的基本情况、现实窘境，尽快研究制定疫后滑雪场馆企业振兴行动方案，因地制宜指导不同地区、不同类型滑雪场馆的有序复兴，最大限度减少疫情对我国成功举办 2022 年冬奥会和实现“三亿人参与冰雪运动”战略目标造成的冲击。

（二）多向融合优化滑雪场馆产品供给体系

未来滑雪场馆企业的运营和投资必须是多领域、多市场的相互融合，必须坚持和贯彻“宜融则融，能融尽融”的工作思路，推动滑雪与相关业态的相互渗透、产业交叉和业态重组[5]。充分打通滑雪场馆与研学、拓展、康养、医疗、旅游、教育等市场主体的合作，联动多方市场和资本的力量，盘活旧资源，激活新项目，挖掘和拓宽滑雪场馆的价值和功能，赋予滑雪场馆转型升级新能源、新动力[6]。

（三）科技赋能加强滑雪场馆智能化建设

未来应加强场馆基础设施的信息化搭建，加大数字资源开发力度，提升滑雪企业的技术应用能力，推广应用远程办公、在线教育培训、在线营销、线上“云滑”等新的运作方式，积极构建包含自助购票、自助租赁、自助闸机、自助餐饮、自助预订等多种自助为一体的“非接触式”滑雪服务，以智能科技降低人力和运营成本，提高管理效率和服务水平。

（四）协调多方利益构建多主体协作网络

为提高滑雪场馆对疫情突发事件的应对能力，滑雪场馆不仅仅要对内做好员工安抚工作，对外处理好终端客户的问题，同时还应积极与垂直的上下游企业以及横向协作单位建立有效的协作机制，通过协调多方主体的不同利益，构筑互谅、互帮、互助的多主体协作网络，要积极探索资源共享、服务互补、灵活用工、业务协作的合作方式，通过风险分担和应急互助，实现资源的联合调度，从而提高总体应急水平[7]。

（五）系统搭建滑雪场馆危机管理体系

经历此次新冠肺炎疫情带来的巨大创伤，滑雪场馆企业作为敏感及脆弱的行业，急需建立风险和危机管理体系。搭建预防体系过程中，设置危机管理组织架构，为危机管理机制的实施提供组织保障，针对危机发生时的应对方案，要实行封闭管理，做好内部统筹工作，同时积极投身公益事业，塑造企业良好形象，并关注时势变化，做好危机后的复业振兴准备。而针对危机结束后的恢复体系，应做好运营成本的盘点工作，审视资金流现状，剥离不良业务，杜绝亏损及没有质量的增长，积极创造面向新的利润市场的产品。

参考文献：

［1］郭利军，邵桂华.度假型滑雪场运营风险评估体系构建与实证研究［J］.天津体育学院学报，2019，34（3）：207–213.

［2］冰雪产业疫后能否迎来新转机？［EB/OL］.http：//news.fjsen.com/2020–03/05/content_30206253_2.htm，2020–03–05.

［3］王飞，朱志强.推进滑雪产业发展的大型滑雪旅游度假区建设研究［J］.体育科学，2017，37（4）：11–19，28.

［4］Edelman D.branding in digital age［J］. *Harvard Business Review*，2010，88（12）：62–60.

［5］李在军，张瑞林.冰雪产业融合发展的动力机制与路径探析［J］.首都体育学院学报，2018，30（6）：510–514.

［6］王先亮，王晓芳，李保安.2022年冬奥会背景下我国滑雪产业供给侧改革与需求侧升级［J］.沈阳体育学院学报，2018，37（2）：1–7，42.

［7］Williams P.W.，Dossa K.B.Canada’s skiing markets［J］. *ski area management*，1995，34（5）：62–63.

常州旅居车产业链优势资源整合发展研究

王　聪[1]，贾　羲[2]，项宇光[3]，申志涛[1]

（1. 江苏理工学院，江苏 常州 213001；

2. 常州市钟楼区科协，江苏 常州 213023；

3. 常州市钟楼区商业局，江苏 常州 213000）

摘　要：基于对国内旅居车市场的前瞻性洞察和对常州旅游发展的充足信心，本文分析了常州汽摩和特种车辆制造等优势产业资源。常州不仅致力于打造长三角乃至全中国旅居车产业的行业引领者，而且通过积淀常州市旅居车行业专业气质，引领文化旅游消费新时尚，将旅游消费者的食、住、行、游、购、娱品质化归一，创新城市旅游体验。

关键词：旅居车；产业链；资源整合；可达性；乡村旅游

一、旅居车旅游基本情况介绍

（一）旅居车旅游发展现状

旅居车旅游起源于"一战"后的美国，具有灵活、便捷和体验性等特点。最初，自驾车友带着睡袋、帐篷、灶具、食品周游世界，个性十足、成本低廉。经过近百年的发展，欧美国家由自驾旅游演变为旅居车旅游[1-2]。并由旅居车旅游衍生出旅居车露营产业，拥有了广泛的爱好者和相当规模的发展基础，建立了比较完善的旅居车露营配套设施、法律法规制度和标准体系，拥有一套完整的旅居车露营产业经营理念、发展模式及服务体系，日渐形成了超万亿美元的旅居车旅游市场[3-4]。

近五年来，国内旅居车旅游业、旅居车露营产业发展增速明显。据报道，2019 年国内旅游人数达到 60 亿人次，近六成为自驾游，随着旅居车交付上牌量的逐年增加，旅居车旅游增速迅猛，租一辆旅居车旅游已是老百姓的可选项之一[5]。特别是近三年，旅居车销售年均呈超 40% 以上的增速增长，上汽大通、江铃旅汽、长城汽车、奇瑞汽车等传统车企纷纷涉足旅居车制造领域。2019 年 3 月 12 日，第 18 届中国（北京）国际旅居车露营展览会为期六天，展会观众高达 131828 人次。旅居车现场成交量达到 2617 台，较往年同期成交车辆增长 139.2%，总成交额超过 15 亿元。

但是，由于国内旅居车旅游相关产业起步晚，中国与欧美国家相比差距甚远。截至 2018 年，全球旅居车保有量已达 2180 万辆，旅居车露营地达 7.6 万家[6]。其中美国旅

［作者简介］王聪（1974—），女，北京市人，江苏理工学院人文学院旅游系，副教授，博士，研究方向为智慧旅游服务供应链和 RS&GIS 应用，E-mail：wangc74@163.com；贾羲（1978—），男，江苏常州人，常州市钟楼区科协技术协会主席，E-mail：764493669@qq.com；项宇光（1982—），男，江苏常州人，常州市钟楼区商务局综合科长，经济学学士，acca 会计师，E-mail：89626945@qq.com；申志涛（1996—），男，河南洛阳人，江苏理工学院人文学院旅游系本科生，研究方向为乡村旅游空间分布，E-mail：540363011@qq.com。

居车保有量约 1186 万辆，近 2 万家露营地；欧洲旅居车保有量 764 万辆，拥有约 4 万家露营地；加拿大旅居车保有量约 140 万辆，露营地约 0.4 万家；澳大利亚近年来旅居车露营地市场发展较快，2018 年旅居车保有量达 63 万辆，拥有约 0.25 万家露营地；国内 300 多家旅居车制造商以购买底盘改装企业为多，旅居车品牌数量达到了 100 多家，呈现小而散的分布格局。2019 年，国内最大的旅居车底盘供应商上汽大通的上牌量也仅超过 2000 台。而目前国内旅居车保有量不超过 148784 辆，有 1300 余家露营地[7-9]。

我们认为，现行的旅居车旅游市场规模，与我国作为世界第二大经济体、汽车制造业大国严重不匹配，中国庞大的人口基数，人均收入水平提高，加上消费观念升级及引导，国内旅居车露营市场增长潜力巨大，蕴含较大的发展空间。据 21 世纪旅居车网数据统计，2019 年旅居车行业产销数据呈现持续增长，148784 辆的保有量较 2015 年翻了两番；整体销量达到了 48326 辆，相比 2018 年涨幅达到 35.5%，其中上牌旅居车 14831 台，相比 2018 年 7521 辆，实现了翻倍增长。从近三年的旅居车销售趋势来看，2020—2025 年将继续迎来旅居车快速增长的趋势，且增长幅度每年将至少达到 40%。按现有市场保有量及增长趋势，预计到 2025 年中国旅居车市场保有量将至少达到 50 万辆。

随着居民人均可支配收入不断提高、公路设施不断完善、景区建设和乡村旅游的发展、消费意识的转变，旅居车在居民消费观念中由奢侈品逐渐变为耐用品，甚至将是一部分二胎三代家庭的标配品。自由个性的旅居车旅游将吸引更多旅游消费者的青睐，旅居车旅游消费作为新兴市场将有较大的发展空间。

（二）现行的旅居车产业法规及政策

随着中国旅居车旅游市场逐步兴起，国家在涉及旅居车旅游部分，陆续出台了多项相关利好政策，提出初步构建起自驾车、旅居车旅游产业体系，把自驾车旅居车旅游提高到一个空前的重视程度。汇总如下：

（1）2016 年，李克强总理在《政府工作报告》中指出：落实带薪休假制度，加快旅游交通、景区、自驾车营地等设施建设，规范旅游市场秩序，迎接正在兴起的大众旅游时代。

（2）2016 年 12 月，国务院《“十三五”旅游业发展规划》（国发〔2016〕70 号）提出：加快发展自驾车旅居车旅游，建设一批公共服务完善的自驾车旅居车旅游线路和旅游目的地，培育营地连锁品牌企业，增强旅居车产品设计制造与技术保障能力，形成网络化的营地服务体系和比较完整的自驾车旅居车旅游产业链。

（3）2015 年 8 月，国务院办公厅《关于进一步促进旅游投资和消费的若干意见》（国办发〔2015〕62 号）提出：加快自驾车旅居车营地建设。制定自驾车旅居车营地建设规划和自驾车旅居车建设标准，明确营地住宿登记、安全救援等政策，支持长江经济带等重点旅游地区建设自驾车旅居车营地。

（4）国家旅游局、公安部、交通运输部等十一部委发布《关于促进自驾车旅居车旅游发展的若干意见》指出：到 2020 年，重点建成一批公共服务完善的自驾车旅居车旅游目的地，推出一批精品自驾车旅居车旅游线路，培育一批自驾游和营地连锁品牌企业，增强旅居车产品与使用管理技术保障能力，形成网络化的营地服务体系和完整的自驾车旅居车旅游产业链条，建成各类自驾车旅居车营地 2000 个，初步构建起自驾车旅居车旅游产业体系（表 1）。

表 1　旅居车行业发展的基础性、鼓励性、标准性政策法规

政策分类	序号	名称
基础性	1	《中华人民共和国旅游法》（2013 年）
	2	《江苏省旅游条例》（2016 年）
鼓励性	3	《“十三五”旅游业发展规划》
	4	《关于促进自驾车旅居车旅游发展的若干意见》（旅发〔2016〕148 号）
	5	《关于进一步扩大旅游文化体育健康养老教育培训等领域消费的意见》（国办发〔2016〕85 号）
	6	《关于大力发展体育旅游的指导意见》（旅发〔2016〕172 号）
	7	《关于加快发展健身休闲产业的指导意见》（国办发〔2016〕77 号）
	8	《关于支持旅游业发展用地政策的意见》（国土资规〔2015〕10 号）
	9	《关于推动积极发挥新消费引领作用加快培育形成新供给新动力重点任务落实的分工方案》（发改规划〔2016〕1553 号）
	10	《关于实施绿色公路建设的指导意见》（交办公路〔2016〕93 号）
	11	《关于加快推进 2016 年自驾车旅居车营地建设的通知》（旅办发〔2016〕241 号）
标准性	12	QC/T 776—2007《旅居车》
	13	GB 7258—2017《机动车运行安全技术条件》（替代 GB 7258—2012）
	14	LB/T 044—2015《自驾游管理服务规范》
	15	世界露营总会 F.I.C.C 营地设立标准
	16	GB/T 31710.1 ~ 4—2015《休闲露营地建设与服务规范》(含《导则》《自驾车露营地》《帐篷露营地》《青少年营地》4 部分)
	17	《中国体育休闲（汽车）露营营地建设标准》（试行）
	18	《汽车自驾运动营地发展规划》
	19	TY/T 4001—2013《 汽车露营营地开放条件和要求》
	20	《关于规范旅居车挂车上路通行管理工作的通知》（公交管〔2015〕134 号）

二、常州市发展旅居车旅游产业的优势

通过近两个月的调研活动的有序开展，我们认为：抓住了旅居车产业就是抓住了常州市产业发展的龙头项目，就是抓住了人民群众对美好生活向往的迫切需求，就是抓住了常州社会经济发展的排头兵，就能充分发挥创新政府的创造力。目前，在国家政策大力支持下，旅居车产业将进入快速发展期。据有关研究统计，涉及旅居车旅游的 1 分投

入，可带动上下游及配套产业 10 分的产出。可以预见，未来常州在发展旅居车产业及新型旅游业上有较大的市场空间。原因如下：

（一）常州得天独厚的区位优势。

常州位于长三角经济圈中心地带，地处江苏发展中轴核心，《上海市城市总体规划（2017—2035 年）》将常州纳入协同发展长三角城市群，常州国际机场（4E）有 20 多条国内航线至北京、广州、成都、深圳等地；5 条铁路、7 条高速公路途经常州，沿江高速铁路、苏锡常南部高速在建；常州既有一线、二线城市游客（特别是沪宁游客）目的地换乘的基础设施优势，又有旅居车旅行长途始发地、中途必经地和短途目的地的先天综合优势。为此，我们根据 2018 年 12 月常州市文化和旅游局公布的常州市星级乡村旅游点名单，研究分析了常州市乡村旅游点分布格局及可达性，如图 1 和图 2。

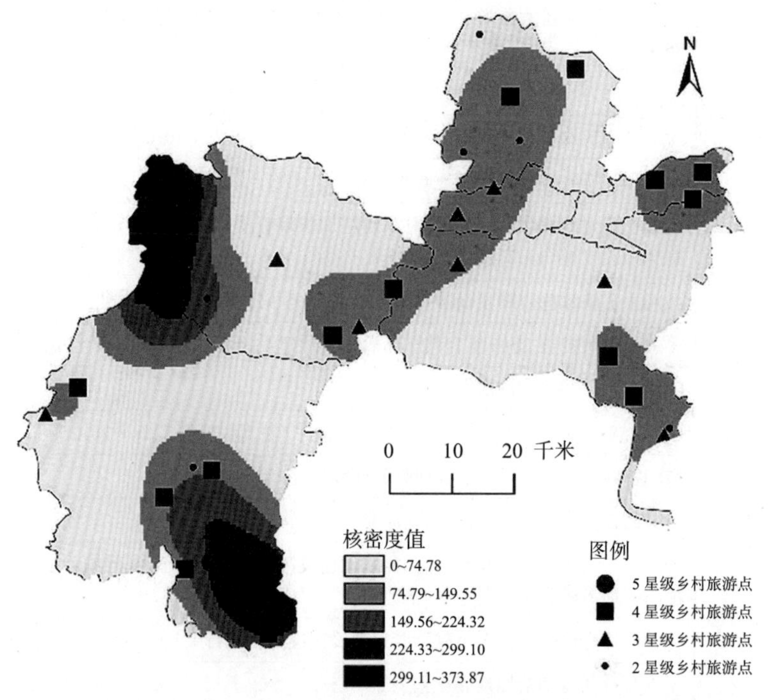

图 1　常州乡村旅游点核密度分布

研究采用了 O–D 成本矩阵的研究方法，充分考虑了道路的连通性及可进入性，使得对常州市各乡村旅游点的可达性测算结果更加精确，分析更具科学性。研究表明：（1）常州市乡村旅游点星级分布特征呈现出明显的倒三角形结构。（2）常州市乡村旅游点呈现出明显的集聚分布特征，即以茅山、天目湖为代表的主要依托优质自然旅游资源发展的乡村旅游团和以环城市为代表的主要依托客源市场发展的乡村旅游带。（3）常州市乡村旅游发展以休闲体验型景点为主，乡村文化型、乡村科技型景区较缺乏。

对常州市地图进行拓扑分析，得到常州市路段 2847 个，不同道路的交会点 3822 个，构建网络数据集，然后利用 Arcgis 中的 Network Anlyst 模块对常州市各乡村旅游点可达进行测算。采用 Spatial Analyst 反距离权重法插值，以 0.5 小时等间隔划分 5 个时间段，得出其可达性空间格局，如图 2。

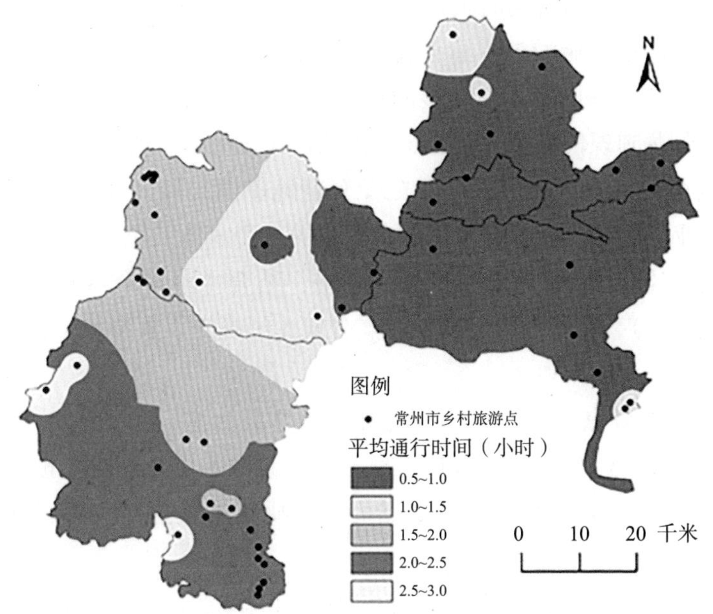

图 2　常州市的乡村旅游点可达性

由图 2 可以看出，常州市的乡村旅游点可达性从东北向西南逐次递减。在可达时间为 0.5~1.5 小时的范围内，各类型乡村旅游点分布均衡。但与常州市的各类型总体分布比例差距较大，其中特色村镇类分布了 3 家，超过其总数的 70%，而常州市分布最多的休闲观光类乡村旅游点只有 6 家，不足总数的三成；而农事体验类共分布 7 家，约占其总数的一半。首先，由于临近城区，更靠近乡村旅游的客源市场，故乡村旅游体验类型较为丰富；其次，由于可达性好，往返所需时间成本较小，对于以提供住宿为主的休闲观光类的乡村旅游需求较少，并且完整保存的乡村景观少，难以带来异域的居住体验；又因为邻近城市，地租较高，休闲观光类的乡村旅游点所占面积较大，增加了成本，所以在其范围内休闲观光类乡村旅游点分布较少。最后，由于临近城区，整块可用于开发乡村旅游的土地资源较少，所以其分布围绕城市环线展开，呈散点状分布。

常州市乡村旅游点的平均通行时间在 0.5~3 小时，平均通行时间为 1.54 小时。平均通行时间在 0.5~1.5 小时有 21 个，占总数的 41.2%，平均通行时间在 1.5~2.5 小时占到了总数的 52.9%，平均通行时间超过 2.5 小时的乡村旅游点只占 5.9%。因此，常州市乡村旅游点的可达性总体较好，但其可达性的空间分布不均。

（二）常州良好的旅游业发展势头

近十多年来，常州旅游业发展取得了令人鼓舞的成绩。无论是接待旅客总人数，还是实现旅游总收入已经连续多年稳居全省第一梯队，已经走在全省前列。常州所辖的溧阳市、金坛区都已是“中国优秀旅游城市”。目前，全市共有 3 家国家 5A 级旅游景区，9 家国家 4A 级旅游景区，1 个省级旅游度假区，既有中华恐龙园、天目湖、天宁宝塔、春秋淹城、嬉戏谷等一批叫得响的旅游知名品牌，又有一批如东方盐湖城、月星环球港、华夏宝盛园等后来居上的旅游 IP。常州市旅游客源市场半径不断扩大，呈现出以长三角地区为中心，在华北、华南也不断拓展的良好局面。常州在加快六大重点旅游景区（天宁风景名胜区、恐龙园现代旅游休闲区、太湖湾旅游度假区、春秋淹城历史文化旅游区、天目湖旅游度假区、茅山风景名胜区）的配套营地建设布局，部分如上阮农业产业园、邹区现代农业产业园已在陆续开展旅居车自驾游的招商宣传工作。

按照乡村旅游景点的功能和前人研究成果，结合《旅游资源分类、调查与评价》（GB/T 18972—2003），将常州市乡村旅游点分成休闲观光、农事体验、特色村镇、文化体验、农业科技 5 个大类（表 2）。

常州市乡村旅游景点主要以休闲观光和农事体验为主，分别占到了总数的 47% 和 30%。特色村镇、文化体验、农业科技三类共占了总数的 23%。可见极高的自然禀赋使得常州市乡村旅游发展以休闲体验型景点为主，缺乡村旅游文化型、现代乡村科技型景区。

表 2　常州市乡村旅游点类型及其分布

类别	个数	名称
休闲观光（47.06%）	24	金坛薛埠保朴园山庄、溧阳南山花园、溧阳翠谷庄园、溧阳大石山旅游农庄、溧阳古松山庄、溧阳丫髻山晶阳山庄、溧阳天淼山庄、溧阳通用山庄、金坛江南孔雀园、金坛茅山西海湖度假村、茅山半边山下、茅山南湖度假庄园、常州牟家农业旅游观光园、达诚度假村、溧阳天目茗居山庄、溧阳白露山农庄、溧阳天露农业园、金坛白龙山庄、金坛长荡湖水庄、骐骥庄园、新北丰奕园、江南丝府、金坛桐春源山庄、都市 e 农庄
农事体验（29.41%）	15	溧阳欣龙生态园、常州久红农业生态观光园、金坛长荡湖水街、金坛尚之源农业生态园、常州锦涛生态园、武进龙潭湖农业生态园、溧阳南山康鸿生态园、超群生态园、娃娃鱼部落、佳农探趣休闲生态园、溧阳松溪生态园、溧阳长寿谷生态园、金坛露源生态休闲农庄、齐梁生态园、润源农业生态园
特色村镇（9.81%）	5	新北区西夏墅镇梅林村、金坛区薛埠镇仙姑村、武进区雪堰镇太滆村、武进区雪堰镇雅浦村、罗溪镇龙珠山村
文化体验（7.84%）	4	溧阳吴楚农耕文化园、十思园、武进雪堰镇城西回民村、常州舍园盆景园
农业科技（5.88%）	3	溧阳日日春农业科技园、一号农场、江苏嬉乐湾生态农业示范园

常州市乡村旅游点在可达时间 1.5~2.5 小时范围内，形成以休闲观光为主，农事体验为辅的乡村旅游类型分布情况，其中休闲观光类乡村旅游点 17 家，占其总数的 70% 以上，农事体验类 6 家，占其总数的 40%。由于通行时间增长，游玩时间被压缩，为了保证良好的旅游体验，前往此可达性范围内乡村旅游点的游客多选择留宿。良好的生

态环境与原真的乡村生态，为久居城市的旅游者带来了不同的生活体验，也使得旅游者留宿意愿增加，以上两点促进了休闲观光类乡村旅游点的发展。与此同时，通行时间在1.5~2.5小时范围内的乡村旅游点具有集聚分布的特点。由于乡村旅游点客源主要是城市居民，出行时间具有集中性，邻近高星级景区分布，为前往景区游玩的游客提供住宿服务，所以在其范围内形成了具有集聚分布特点的乡村旅游业。

（三）常州成熟的旅居车产业及其配套基础

2018年1月，上汽集团大通旅居车研发及生产基地（一期）在溧阳竣工投产，总投资达17亿元，占地420亩，基地引进了法国的先进柔性生产线，年产量超25000辆，是国内最先进、最大的旅居车研发及生产基地。上汽大通货运版V80底盘目前占到国内自行旅居车市场采购的近50%份额。同时，上汽大通布局旅居车租赁产业，打造了国内用户订阅量最大的“旅居车生活家”线上出行平台，已建立旅居车游线路100余条，签约旅居车营地40多个，覆盖20余个省市，初步形成旅居车租赁、销售、旅游线路推荐、营地预订为一体的旅居车生活生态圈。

2011年，澳大利亚帝盛旅居车落户常州新北区。工厂占地面积43亩，设计年产营地旅居车3000辆以上。近年来上汽大通、帝盛旅居车、天晟旅居车、佳卓旅居车市场占有率、品牌知名度不断提升。常州的天晟新材、丽岛金属等上市企业均为旅居车制造材料供应商或合作商。全市拥有专用车生产资质的企业，主要产品有军用和民用方舱、道路清障车、低温液化气体运输车、运马拖车、厢货车、旅居车、高空作业车等。如：①溧阳二十八所系统装备有限公司。专业研制生产军用和应急通信指挥车、厢式车厢及舱体内电子系统设计集成、旅居车等产品。②常州中汽商用汽车有限公司。是道路清障车的专业生产厂家，主要生产各类道路清障车。③常州佳卓特种车辆有限公司。主要产品有运马拖车、厢货车、旅居车等整车以及底盘、车身、车厢等零部件；同时，围绕旅居车制造的全产业链配套如箱体复合材料、PVC保温材料、地板、复合板、灯具、纺织、车载电器（冰箱）等，涉及旅居车上装的规模以上配套生产企业百余家。可以说，常州是国内旅居车制造业产业最集聚、门类最齐全、配套最完整、供应链最安全的地区。用全国旅居车设计制造师张黎的话来讲：“我们常州旅居车设计生产走在全国前列，旅居车所有配置完全实现常州化。”

（四）常州旅游消费市场和潜在消费市场广阔

旅居车旅游作为一种新型的休闲度假业态迅速发展，逐渐成为人们愈加青睐的旅游形式，具有巨大的发展潜力。旅游是社会经济发展到一定阶段的产物，2019年，常州居民人均可支配收入近5万元，增长8.5%。目前，全年职工法定休息日达115天。居民收入的稳定增长，经济条件的改善，消费观念和结构的转变，带薪休假制度的全面实施，为居民的自驾出游提供了更为灵活的闲暇时间，必将成为旅居车旅游发展的推动力。然而，迅速发展的同时也面临着诸多挑战，很多问题需要进一步解决。

三、常州市发展旅居车旅游产业发展存在的问题

（一）政府关注和政策支持力度仍显不足，法规限制多

国内旅居车相关交通法规不完善，除自行旅居车外，旅居车上路管制多，上牌、上路、停靠等问题均缺乏统一规定，周边城市除上海、南京、苏州、无锡等率先放开部分政策外，省内普遍存在自行旅居车上路管理标准不一、拖挂旅居车管制限制多的问题。特别是，拖挂式旅居车在常州上牌难，对终端销售和外出旅行造成了很大的障碍，也制约了旅居车的普及。而目前在国内还没有针对旅居车所设置的专门的保险类型，也影响了旅居车业的发展。

（二）营地资源少，亏损严重

据统计，截至 2018 年年底，中国有一定规模、能正常运营的旅居车露营地有 200 余家，70% 露营地处于亏损状态。旅居车停靠的营地数量少，给自驾游带来很多不便，制约着消费者购买旅居车的热情。只有与旅居车配套的产业不断跟进，才能激活新兴行业。由于旅居车露营地缺乏统一的行业发展战略规划，相关标准法规体系、规章制度及配套设施不健全，缺乏科学管理；使得旅居车露营地从开始规划建设、空间布局及商业运行模式等方面存在问题，再加上缺乏配套设施、服务管理等，造成露营地连年亏损。

（三）租赁网点少，渠道单一

据 21 世纪旅居车统计，截至 2019 年年底，全国从事旅居车租赁的企业达到 487 家，目前租赁市场车辆达到约 5000 台，全年国内旅居车租赁出行的人数达到 72568 人次，共计产生旅居车租赁产值 1.52 亿元。租赁企业基本覆盖全国各省、直辖市，租赁公司比较集中的省市包括北京、上海、四川、云南、广东、海南等，主要以经济发达地区和旅游发达地区为主。而常州作为市委、市政府全力打造的旅游明星城市，尚未有较大的旅居车租赁企业进驻。

（四）相关产业孤军奋战，公共服务配套体系不完善

我国房车旅游处于初级发展阶段，房车市场较小，房车数量有限，相对于欧美等国家则有很大的差距。供给质量不高是指国内的房车本身及其内部软硬件配置较之国外具有很大差距。我国房车大多依赖于国外进口，国内生产制造的房车数量有限。究其原因，首先是国产房车性能低，行驶速度慢，安全系数低，型号单一，可供旅游者选择的款型较少，个性化设施配备也不够完善。其次是国内房车自主研发能力不强，缺乏专门的研究人才与研发技术。相关产业各自为战，还未形成相关产业链联动机制，公共配套设施不够完善。

（五）营销宣传不够，受众认知不足

国内的旅居车旅游目前还处于“小众”的初步探索阶段，旅游者对旅居车旅游不了解，人们对什么是旅居车和旅居车旅游的概念较为模糊。近几年旅居车旅游开始受到关注与重视，而在这之前，旅居车旅游鲜有人知。另外，大多数潜在旅游者的生活水平不

够高，可自由支配收入少。旅居车旅游相对于其他旅游方式具有费用较高的特点。目前，国内旅居车的售价平均在 10 万 ~20 万元，购买旅居车对于普通居民而言有一定困难，故尽管在旅游业大众化发展的时代，旅居车旅游仍旧处于初级发展阶段。随着我国居民消费步入转型升级的重要阶段，对旅居车旅游的需求必会随着经济的发展与人们对新型旅游方式的青睐而逐渐扩大。

四、常州市发展旅居车旅游产业发展建议

近几年，在国家政策的推动下，旅居车露营市场已逐渐从萌芽期向发展期过渡。针对上述产业和行业亟待解决的问题，我们建议如下：

（一）发挥政府引导功能，制定相关地方标准和规划

政府部门发挥引导作用主要体现在对人们旅游消费理念、房车的认知度以及参与度等方面的引导。由于旅居车露营产业缺乏统一的标准体系，大部分标准都是由各级地方社会组织制订，部分露营地是自己编制的企业标准，建议常州在推行地方标准化与产业发展规划相结合等方面，率先布局旅居车露营产业地方标准体系建设，包括营地规划、建设标准、配套设施规划。可由文旅局牵头，在溧阳已完成的旅居车露营点规划基础上，邀请国际国内知名机构，加快市级旅居车露营产业及基础设施企业标准建设，编制旅居车旅游规划。首先，需要交通管理部门出台一系列关于旅居车上牌、上路，以及驾驶资格的相关法律，对我国现有的车辆、道路等管理法规做出进一步调整，形成比较统一的行业监管标准和明确的责任分工，明确旅居车的上牌、上高速路的收费标准以及旅居车驾驶资格。其次，要尽快形成标准化与规范化的旅游服务体系，逐渐建立起行业标准。

（二）加快旅居车露营地建设

首先，要增加旅居车、露营地的数量。当前，旅居车的数量明显不足，要加快生产旅居车以满足旅游者的旅游需求。同时，要加快露营地的建设。目前，国内具有一定规模并能正常运营的露营地不足 500 家，仅是美国与欧洲的 3% 和 2%，每百万人的拥有量才分别是美国和欧洲的 0.57% 与 0.86%。其次，要提高旅居车及露营地的质量。对于旅居车本身而言，一方面要加强旅居车生产技术，在借鉴学习国外先进技术的同时不断进行创新；另一方面要不断完善旅居车内部的相关配套设施。对于露营地而言，要合理规划营地各方面建设。相关部门做好露营地建设的旅游规划，在营地进行建设之前理性分析，营地选址与景区、园区紧密结合。在营地建设过程中严格监督，在营地建设后重点考察，以保证露营地的供给质量。旅居车旅游的发展，一方面要提高旅居车与露营地的有效供给，另一方面要提升旅居车旅游的相关服务质量。这不仅是旅居车旅游发展的必要条件，也是旅游供给侧的必然要求。常州旅游资源丰富，拥有悠久的历史文化、名胜古迹，得天独厚的山水景观、乡野趣味，丰富多彩的民俗民风。从投资角度分析，旅居车露营地选址、建设、经营与景区、园区充分结合，充分利用景区的景观环境优势，保证客源，减少改善环境方面的投资，提升景区的价值，促进景区、园区旅游产业升级。

（三）鼓励发展旅居车租赁服务及旅居车俱乐部业务

加强自驾车旅居车租赁产业，建立连锁租赁服务网络。加快制定旅居车租赁管理政策，进一步放宽旅居车租赁企业的资质申请条件、经营范围和经营规模，鼓励取得汽车租赁经营许可的企业从事旅居车租赁业务；简化营地的前置性审批手续，鼓励本地旅居车俱乐部兼营开展营地运营业务，促进行业联合。

（四）构建多产业协同的研究学会，形成产业链联动的新格局

旅居车旅游产业是多种社会功能的复合体，所以旅居车露营并不专门属于某个产业类别，而是多个产业的跨界融合产物，是制造业、旅游业、居家养老业、休闲文化产业多方融合形成的新兴产业。建议由常州率先设立旅居车露营产业的集成政策研究和协同管理（扶持）机制，将旅居车露营产业发展有机融入现有的法律法规、政策标准体系中，可参照先进城市经验，发挥部门政策合力，从交通、土地、绿化、交管、旅游、乡村等领域的政策上给予一定扶持和便利，创造有利条件和良好环境。可以加快成立旅居车技术及消费研究学会，协调地方相关部门，引导社会资本投资，从制造旅居车开始，进入旅居车商业领域，再融入消费领域，集聚放大产业规模，搭建涉及旅居车露营产业链各类制造、销售、租赁、营地、旅游等行业协会加入的学会服务平台，形成一个拉动多产业协同、联动、集成发展的大格局。加快建设公路主干道、旅游景区与营地的连接道路。建议可尽快制定出台《自驾游目的地基础设施和公共服务宣传导则》，逐步完善旅居车（自驾）游服务中心、加油站、维修站、停车场、观景平台、水源供给、充电设施、排污等设施及服务体系，进一步完善公共服务配套体系。

（五）建立现代化营销体系

旅居车旅游具有综合性，其发展离不开其他各行各业的支持，包括旅居车制造业、房地产业、木屋企业、旅游业、娱乐业等与旅居车旅游直接或间接联系的行业。随着旅居车旅游的发展，其涉及的行业必定会越来越多，加强相关企业间的合作尤为重要。旅居车旅游的开展其实是一个产业链打造的过程，一般而言，首先，需要旅居车制造业作为基础，生产旅居车；其次，需要经销商等企业对旅居车进行销售或者租赁；再次，需要旅游消费者独自或者借助旅行社获取开展旅居车旅游的相关信息（包括提供旅游线路与旅游服务等）；最后，由旅居车露营地相关企业以及其他行业为旅游消费者提供场地与服务。加强企业间的合作，共同打造连锁业务，不仅能为旅游消费者提供新的旅游供给，而且能为合作双方带来经济方面的利益和营销效益。例如旅居车租赁公司与旅行社之间，如果旅游租赁公司能够为旅游消费者提供旅游线路等相关业务的信息，则会大大拓宽旅行社的旅游消费者市场，于旅行社而言无疑是有益的，反之亦然。此外，要加强网络信息平台的建设，充分利用互联网这一媒介，使旅游消费者的旅游体验得到有效的提升，从而获得新的更广阔的发展空间。

参考文献：

［1］王智明，李景海，杨旭.国内外旅居车：发展·现状·前景［J］.商用汽车，2005（4）：73–75.

［2］魏翔，王绍喜.房车旅游在中国大陆的发展及其战略相互性分析［J］.旅游学刊，2005（5）：81–86.

［3］郭向阳，明庆忠，穆学青.中国房车旅游研究综述［J］.河北旅游职业学院学报，2016，21（4）：19–22.

［4］周金慧，顾一鸣. 基于供需结合的安徽省房车旅游基地建设发展策略分析［J］.农村经济与科技，2018，29（24）：45–46.

［5］赵衍平，杨志安.谈谈我国旅居车的发展现状及趋势［J］.商用汽车，2018（Z1）：71–79.

［6］陈晓航，徐慧，叶园.基于“互联网+”生态科技理念的新型房车设计［J］.河南科技，2016（17）：63–64.

［7］胡宇橙，黄媛.我国房车旅游营销策划初探［J］. 环渤海经济瞭望，2018（9）：34–36.

［8］王琳.生态游憩视角下的房车营地规划设计——以浙江桐乡良种场房车庄园为例［J］.装饰，2018（6）：140–141.

［9］符全胜，温晓娟. BOT模式在房车营地建设中的应用［J］.旅游研究，2016，8（4）：3–6.

推动横琴国际休闲旅游岛建设的路径探析

祝　杰

（珠海大横琴集团有限公司，广东 珠海 519031）

摘　要：休闲旅游作为横琴重点发展的七大产业之一，是横琴建设与港澳配套的国际知名旅游度假基地、国际商务服务休闲旅游基地和国际休闲旅游岛的重要载体。为深化粤港澳区域合作、促进澳门世界旅游休闲中心建设，横琴提出建设"国际休闲旅游岛"的构想。2019 年 4 月 1 日，国务院批复了《横琴国际休闲旅游岛建设方案》，横琴成为继海南和福建平潭之后，国内获批的第三个国际性旅游岛。本文拟结合学习习近平总书记关于文化和旅游工作的一系列重要论述精神，对推动横琴国际休闲旅游岛建设的路径进行探析。

关键词：休闲旅游；文旅产业；横琴；路径

一、横琴国际休闲旅游岛建设的实践与探索

自启动开发建设以来，横琴新区始终坚持把产业发展作为横琴之基，逐步形成了金融服务、旅游休闲、商务服务、中医保健、科教研发、高新技术和文化创意七大产业的发展布局，战略性新兴产业方兴未艾的现代化经济体系，奠定了经济高质量发展的基础。其中文化创意、休闲旅游产业发展迅速，已经成为高端产业发展战略的重要组成部分[1]。

建设国际休闲旅游岛，是横琴新区深入贯彻习近平总书记"横琴开发要不忘初心，促进澳门经济适度多元化发展"重要指示精神[2]，落实党中央、国务院赋予横琴的重要使命的具体举措，是促进澳门经济适度多元化发展、发挥横琴自贸片区的创新示范效应、提升产业聚集和辐射带动作用的现实需要，对深化对澳合作、推动改革创新、扩大对外开放和促进产业升级具有重要意义。

近年来，横琴新区大力推动文创、休闲、度假、体育、健康等类型项目建设，国际休闲旅游岛建设开局良好，初步取得了阶段性成果，已初现六大旅游产品体系：一是以珠海长隆国际海洋度假区为代表的主题旅游产品；二是以中国国际马戏节和 WTA 超级精英赛为代表的体育旅游产品；三是以粤澳合作产业园为代表的健康旅游产品；四是以星乐度·横琴露营乐园为代表的休闲旅游产品；五是以丽新·创新方为代表的文创旅游产品；六是以珠海国际会展中心为代表的会展旅游产品。横琴正在探索将自身的旅游资源与港澳地区的优势资源串珠成链，以便打造出更多的"一程多站"旅游线路。目前，

［作者简介］祝杰（1976—），男，河南固始人，研究生学历，工商管理硕士学位，经济师职称，现任珠海大横琴集团有限公司副总经理，研究方向为世界经济、创新金融、文旅产业、品牌传播，E-mail：zhujie@zhdhq.com。

横琴正在努力推动与港澳联动的区域文化旅游产业发展。不但打造横琴整体文旅产业的品牌、推动横琴全域旅游发展，而且全力支持澳门打造世界旅游休闲中心。

一是休闲旅游产业蒸蒸日上。为夯实产业基础，横琴大力推进长隆国际海洋度假区（二期）、丽新星艺文创天地、香洲埠文化院街、横琴紫檀文化创意园等一批产业龙头项目建设，产业要素资源配置能力有效提升。截至 2019 年 9 月底，长隆国际海洋度假区累计接待游客超 7300 万人次；2019 年接待游客 1173 万人次，在全国主题乐园中排名第一；投资 500 亿元的长隆二期正加速建设，容纳 6700 人的长隆马戏团剧场开业，新建的海洋科学酒店已顺利完工。着力发展康养休闲旅游，截至 2020 年 7 月底，粤澳合作中医药科技产业园累计注册企业 185 家（澳门企业 44 家），英国天祥集团、盈科瑞（横琴）药物研究院等项目入驻运营。横琴芒洲湿地公园免费对外开放，二井湾红树林湿地公园经国家林业局批复设立国家湿地公园（试点），打造现代文明与田园风光和谐统一的新兴滨海城市型湿地休闲游憩区。

二是文化创意产业蓬勃发展。积极筹备粤港澳大湾区文化创意设计大赛。亚洲首个电影主题室内互动体验中心——狮门娱乐天地和横琴国家地理探险家中心开业，累计接待游客超 10 万人次；香洲埠文化院街投入运营，进驻品牌商家 15 家；横琴长隆剧院，紫檀博物院横琴分院开业。自贸区首个广告产业园获国家授牌，入驻广告企业 157 家。

三是文化体育活动加速聚集。已成功策划、创办和举办了“中拉杯”国际足球邀请赛、英雄联盟德玛西亚杯电子竞技大赛、横琴年终盛典“知识跨年”——吴晓波年终秀、横琴音乐节暨雏菊音乐嘉年华、珠海市足球联赛、soccerex 全国足球产业峰会、中拉博览会、横琴之巅·武林风武术搏击赛、横琴马拉松、环中国国际公路自行车赛（珠海站）、中国国际马戏节、国际女子网球（WTA）超级精英赛等一系列国际大型节庆赛事活动，逐渐形成了涵盖高端体育赛事、专业展览、大型文化庆典、艺术活动等多领域、高层次的城市品牌活动，有力提升了横琴的国际形象和影响力。

四是全域旅游模式发展加快。总投资 6 亿元的横琴滨海湿地修复工程完工，星乐度·横琴露营乐园荣获“国家标准试点实验基地”“中国房车露营旅游示范基地”。横琴游客服务中心于 2019 年 9 月试营业，全域智慧旅游平台为游客提供全方位、一体化旅游信息服务，向国务院申请开放法拉帝、长隆 2 个游艇码头。横琴岛内旅游项目“串珠成链”“好玩横琴·环岛旅游观光巴士”于 2019 年 7 月开通试运营，连通长隆海洋王国、丽新·创新方、星乐度等重点旅游项目。

二、新时代推动横琴国际休闲旅游岛建设再上新台阶的路径与思考

习近平总书记指出，旅游业是综合性产业，是拉动经济发展的重要动力。习近平总书记强调，旅游是发展经济、增加就业的有效手段，也是提高人民生活水平的重要产业。旅游集物质消费与精神享受于一体，旅游与文化密不可分。习近平总书记就文化和旅游工作发表了一系列重要论述，科学回答了事关文化建设和旅游发展的方向性、根本性、

全局性问题。

当前，随着港珠澳大桥建成通车，粤港澳大湾区规划纲要正式发布，大湾区文化建设和旅游发展也迎来新机遇、处于新方位、站在新起点。以习近平新时代中国特色社会主义思想为指导，全面贯彻党的十九大和十九届四中全会精神，紧紧围绕统筹推进“五位一体”总体布局和协调推进“四个全面”战略布局，牢固树立“四个意识”，坚定“四个自信”，坚持和加强党的全面领导，坚持以人民为中心的发展思想，以高质量发展为目标，以融合发展为主线，以改革创新为动力，科学有序推动横琴国际休闲旅游岛建设。结合习近平总书记关于文化和旅游的一系列重要论述精神，建议可具体从以下几个方面努力：

（一）坚持以习近平新时代中国特色社会主义思想为指导，大力加强文化和旅游领域对外和对港澳交流合作

党的十九大报告指出：“开放带来进步，封闭必然落后。中国开放的大门不会关闭，只会越开越大”，并提出“坚持和平发展道路，推动构建人类命运共同体”作为重要的民间外交方式，旅游在国际交往中的作用得到了习近平总书记的关注。2017 年 5 月 14 日，在“一带一路”国际合作高峰论坛开幕式上，习近平总书记强调：“国之交在于民相亲，民相亲在于心相通。”2017 年 9 月，在致联合国世界旅游组织第 22 届全体大会的贺词中指出，“旅游是不同国家、不同文化交流互鉴的重要渠道”。以习近平新时代中国特色社会主义思想为指导，深入学习贯彻习近平总书记关于文化和旅游工作特别是文化和旅游融合发展重要论述精神，发挥文化和旅游在“一带一路”“人类命运共同体”“粤港澳大湾区”建设中的民间交流、先导示范、融通带动的优势作用，大力加强文化和旅游领域对外和对港澳交流合作，讲好中国故事，传播中国声音，塑造中国形象，努力提高国家文化软实力和中华文化影响力。深度参与高级别人文交流机制，加强政府间文化和旅游交流合作。

为进一步加快横琴新区旅游民间交流、先导示范、融通带动的优势作用，可从以下几个方面着力：

一是着力构建全域旅游开放合作新格局。积极推动体制机制和政策创新，继续争取国家有关加强开放合作、通关、财税、投融资、土地、人才等方面的优势政策扶持，深化与港澳等区域旅游合作，共同开辟旅游新市场。配合澳门世界旅游休闲度假中心建设，打造国际文体活动赛事中心。利用港澳资源、资金引入一系列国际品牌文化、赛事活动，打造国际文体活动赛事中心，助推“文化 + 旅游”相关产业升级转型。推进粤港澳游艇自由行政策尽早落地，发挥好珠海丰富海岛资源对吸引港澳等境外高端消费潜力，进一步促进粤港澳旅游业深度融合发展。

二是完善粤港澳三地青年文化交流融合机制。以横琴 · 澳门青年创业谷等首批 3 家粤澳青年创新创业基地为载体，为港澳青年提供创业发展及文化交流空间。为增进三地青年文化交流和实地体验，加强与港澳爱国青年组织交流联系，组织“澳门青年湾区实习计划——创业体验”项目，“琴同心·筑梦飞行”澳门大学生暑期横琴实习计划等考察、研讨、参观、访问等品牌活动，吸引更多港澳青年到珠海旅游、休闲、度假、创新、创业，以更加多元化的文化魅力促进粤港澳青年文化交流融合，尤其增进祖国大陆为香港、澳门所提供的发展机遇的了解。

三是与澳门共同开拓葡语国家旅游市场。积极配合澳门建设中国与葡语国家商贸合作服务平台、着力推动与“一带一路”共建国家交流合作，探索与“一带一路”共建国家在促进客源互动、联合拓展旅游市场、加强旅游业管理等方面开展实质性合作，全面提升旅游管理和服务水平。发挥澳门世界旅游休闲中心以及与葡语国家联系密切的优势资源，结合横琴长隆国际海洋度假区项目、丽新横琴创新方项目、横琴星乐度露营小镇项目，以海岛休闲和主题公园为重点，共同开拓葡语系国家旅游市场，吸引国际游客“一程多站”，实现国际客源共享。

四是与港澳协同构建休闲“黄金 3 小时旅游圈”。《粤港澳大湾区发展规划纲要》提出，要丰富粤港澳旅游精品线路，开发高铁“一程多站”旅游产品，建设粤港澳大湾区世界级旅游目的地。为了促进港澳与内地旅游行业互联互通，规划纲要中提出优化珠三角地区“144 小时过境免签”政策，便利外国人在大湾区旅游观光。支持香港为国际城市旅游枢纽及“一程多站”示范核心区，支持澳门建设世界旅游休闲中心，在澳门成立大湾区城市旅游合作联盟。港珠澳大桥极大缩短了粤港澳之间互联互通的时间，实现了港珠澳“1 小时生活圈”、粤港澳“黄金 3 小时旅游圈”。可进一步整合横琴与港澳旅游资源，通过开发港澳联游、港澳珠三角联游产品，并升级旅游玩法，将海洋海岛、滨海游乐、乐园、美食等多种玩法搭配，推动“一程多站”旅游产品创新。加深横琴与港澳旅游产业在信息互通、经验交流、人才培养等方面的合作力度，促进区域旅游的一体化，促进通关便利化，交通互联互通，推动旅游资源的深度合作开发和区域旅游业协同发展。

（二）坚持以习近平新时代中国特色社会主义思想为指导，发展全域旅游，以旅游业带动和促进经济社会协调发展

全域旅游是解决中国旅游业发展不平衡不充分矛盾、推进旅游业高质量发展的重要战略选择，有利于不断提升旅游业现代化、集约化、品质化、国际化水平，更好满足旅游消费需求。习近平总书记强调，要按照“发展大旅游，开拓市场，形成大产业”的要求，进一步完善设施，整合资源，加强管理，精心包装，加大宣传，打造精品，扩大开放，创新机制，推动旅游经济更快更好地发展。2016 年 7 月，习近平总书记在宁夏考察时指出，发展全域旅游，路子是对的，要坚持走下去。这些重要论述，为深化旅游业供给侧结构性改革、推动优质旅游发展提供了思想指引[3]。

横琴国际休闲旅游岛建设的核心是要与澳门旅游业实现联动、互动，融合发展，关键是要贯彻好全域旅游发展理念。要突出重点，通过创建国家全域旅游示范区，打造新品质、开创新局面。为进一步加快横琴新区全域旅游建设，建议可从以下几个方面发力：

一是打造全域旅游大产业。进一步丰富高品质休闲旅游产品内涵，创新商务休闲旅

游，普及休闲体育运动，大力发展城市休闲、医疗康养休闲等旅游业态，逐步实现从观光旅游到休闲度假旅游、从景区旅游到全域领域转变，引领休闲旅游产业发展。加快旅游重点项目建设，打造一批旅游龙头企业，大力促进产业融合发展。积极策划、促进岛内分散的优秀旅游资源联动、互动，串珠成链，通过协同文旅资源开发，进行整体营销与联动推广，实现全岛旅游休闲互动互联，共建共享。

二是拓展文旅产业发展的新领域。文化和旅游部党组书记、部长胡和平指出，发展旅游要把握旅游业发展的本质性规律，不能“单打独斗”，要走融合发展的路子。要大力推进“旅游 +”，促进旅游与农业、工业、文化、体育、卫生等第一、第二、第三产业的融合，培育新业态、增加新产品、发展新价值、创造新供给，推动基础性产业要素转型升级、融合性产业要素集成优化、新业态产业要素创新发展[4]。要积极培育和开发多样化产业新业态，探索构建“旅游 +”产业生态圈，逐步将横琴重点发展的金融服务、商务服务、高新技术、总部经济和文化创意等产业进行有机融合，实现横琴旅游业全域共建、全域共融、全域共享。

三是加快建设旅游公共服务新体系。文化和旅游部党组书记、部长胡和平指出，要强化旅游产业技术创新，实施产业技术创新工程，积极利用新材料、现代信息和新科技装备，提高旅游产品科技含量。加强横琴旅游交通、配套旅游设施建设，创新智慧旅游服务体系，推进横琴与港澳在旅游交通、信息和服务网络等方面互联互通，构建高效、互惠的区域旅游合作体，为横琴与港澳在更高层次、更宽领域开展旅游合作夯实基础。依托智慧城市建设，推进旅游服务智能化。进一步完善智慧旅游便民服务体系。继续推动移动互联网、物联网、旅游大数据、旅游云计算、旅游电子支付、人工智能和穿戴技术等方面的应用，不断探索新路径、引领信息服务新业态。进一步整合粤港澳大湾区旅游服务资源，与港澳地区形成数据和旅游信息互联互通，跨界连接横琴、珠三角、港澳地区旅游服务资源。积极完善“快进慢游”的全域旅游交通网络，进一步规范旅游市场秩序。

四是实施品牌战略，塑造国际化形象。要塑造横琴全域旅游的城市品牌，完善旅游产业发展规划，结合横琴生态条件布局旅游设施、文化设施、休闲设施，保护好、利用好历史文化资源，制订以港澳合作为切入点的营销方案，创新营销方式，大力开展旅游推介活动，不断提高横琴旅游的知名度、美誉度。积极打造属于横琴的新文旅 IP，以国际化、时尚化、精品化、市场化为导向，以开放包容的心态引入国际化的创意文化项目与本土文化品牌相互协作，全力塑造一流品牌、一流形象和一流影响力，打造兼具中国气派和珠海特色的国际文化新名片。坚持“文化自信”，依托新技术、新消费，创建更多属于横琴的本土品牌文化 IP，推动横琴在地文化向更高层次发展。

（三）坚持以习近平新时代中国特色社会主义思想为指导，做好融合发展的顶层设计，推动文化和旅游融合发展

推动文化和旅游融合发展是以习近平同志为核心的党中央作出的重大决策。文旅融合，为产业转型升级拓展了新空间、为城乡融合发展增添了新抓手、为经济社会发展注入了新动能、为人民幸福生活汇聚了新活力。要深入贯彻落实习近平总书记关于文化和旅游融合发展的重要论述精神和中央关于机构改革的要求，充分认识文化建设和旅游发展的重大意义。牢固树立融合发展的理念。发挥旅游业产业带动性强、功能综合、社会渗透力强的特征，把旅游业打造成为构建现代化经济体系的新引擎、新动能[3]。

为进一步推动横琴文化和旅游产业融合发展，可从以下几个方面努力：

一是创新驱动，导入面向未来的新文旅产业。积极孵化培育新兴业态，探索文化产业创新，不断完善文体休闲旅游产业发展链条，进一步促进相关产业融合发展。抓住信息、技术、教育、培训、特色会展等产业成长机会，抢抓互联网、大数据、文化娱乐等新兴产业崛起的新机遇，促成体育与文化、竞技与产业、科技与生活的“产城融合”进一步深入互动，助推产业不断跨越发展。要培育全域旅游大产业，加快旅游重点项目建设，着力培育和打造一批旅游龙头企业，大力促进产业融合发展。从政策配套落地、产品优化、基础设施完善等方面吸引更多的相关企业入驻，着力引进文化、体育、旅游、创意产业的骨干企业，促进文旅产业资源要素高效聚集，形成产业发展新增长。

二是开放合作，与港澳共建共享，推动文旅会展产业融合发展。《横琴国际休闲旅游岛建设方案》提出，要引导旅游与文化创意实现双向融合，努力打造一批“旅游+文化创意”的高端旅游娱乐项目和覆盖粤港澳的文化创意孵化基地。可与港澳共建共享，引入国际高端资源。积极拓展与港澳在旅游、文创、会展、商务等产业领域的合作，与港澳共建共享，引入国际化文化艺术资源，发展高品位文化旅游消费业态；规划建设特色鲜明的小型博物馆、美术馆、文化馆等文旅场馆设施；与港澳共同举办具有世界影响力的体育赛事、论坛、展会、艺术活动等。探索与澳门共同举办葡语嘉年华、国际性足球赛事，开发国际化程度高、影响力大的音乐节、电影节等一系列节事活动，打造永不落幕的节事盛会。

三是促进文化产业投融资体系在新常态下持续发展。文化和旅游部党组书记、部长胡和平指出，要创新金融支持政策，充分发挥旅游产业投资基金的作用，优先支持符合条件的重大旅游项目建设，创新旅游金融产品，出台金融支持旅游业发展政策，鼓励更多社会资本进入旅游业。《粤港澳大湾区发展规划纲要》提出研究探索建设澳门—珠海跨境金融合作示范区，推进珠海横琴粤港澳深度合作示范。2019 年 10 月，“粤澳跨境金融合作（珠海）示范区”正式由粤澳两地共同挂牌建设。可向国家申报，开展文化金融的创新试点，提供文化产业知识产权的相关金融服务，建立和完善针对文化企业、文化项目融资的信用评级制度，引导和促进金融机构创新金融产品和服务模式，搭建文化金融服务平台，并引导各类文化产业投资基金落户横琴[5]。

（四）坚持以习近平新时代中国特色社会主义思想为指导，引领美丽中国建设

党的十九大以来，在以习近平同志为核心的党中央坚强领导下，在习近平生态文明思想指引下，我国生态文明建设取得显著成效，生态环境质量明显改善，美丽中国建设

迈出坚实步伐。党的十九大将坚持人与自然和谐共生作为新时代坚持和发展中国特色社会主义的基本方略之一，将污染防治作为全面建成小康社会必须打好的三大攻坚战之一，将建设美丽中国作为建成社会主义现代化强国的目标，并在党章中增加“增强绿水青山就是金山银山的意识”等内容。2018 年 3 月通过的《宪法修正案》将生态文明写入《宪法》，实现了党的主张、国家意志、人民意愿的高度统一。习近平生态文明思想深入人心，“绿水青山就是金山银山”的理念已成为全党全社会的共识和行动[6]。生态文明建设也是粤港澳大湾区建设的重要一环，《粤港澳大湾区发展规划纲要》明确提出要以建设美丽湾区为引领，推进生态文明建设[7]。

为进一步践行绿色旅游发展观，横琴可从以下几个方面努力：

一是把“绿水青山就是金山银山”的旅游可持续发展理念贯穿于旅游发展全过程。“绿水青山就是金山银山”是习近平总书记统筹经济发展与生态环境保护作出的重要论断，为我们在新时代营造绿水青山、建设美丽中国，转变经济发展方式、建设社会主义现代化强国提供了有力思想指引[8]。在《横琴总体发展规划》中对横琴岛规划的绿地覆盖率不低于 50%，绿地率不低于 45%。近年来，横琴新区大力加强山体保护利用，林业生态修复持续加强，南山咀山体复绿、裸露山体复绿工程（一期）、海岸带整治修复工程（一期）、横琴新区天沁园项目、海堤生态化处理工程等一批大型绿化工程项目通过方案设计或初步设计。横琴可进一步明确山体开发功能定位，在保护利用好山体资源的同时，加强山体景观风貌的塑造，加强与澳门的景观一体化建设，在向澳门“借”景的同时向澳门“供”景。同时，进一步加强横琴岛绿地生态格局与生态绿廊建设，完善城市生态绿地的绿网系统，构筑山海相望的城市形象。

二是大力推进海绵城市建设。在 2013 年年底召开的中央城镇化工作会议上，习近平总书记提出，在提升城市排水系统时要优先考虑把有限的雨水留下来，优先考虑更多利用自然力量排水，建设自然积存、自然渗透、自然净化的“海绵城市”[9]。近年来，横琴坚持“生态优先、规划先行”的城市建设理念，持之以恒地推进城市空间绿化，助力“绿色横琴”建设，已先后打造了“花海长廊”“横琴滨海湿地修复工程”等景观项目，大力推进海绵城市建设。作为海绵城市建设的示范区，横琴要继续贯彻落实《横琴新区城市总体规划（2014—2030）》提出采用的“海绵城市”的发展模式，通过建设城市湿地公园、下沉式绿地、集雨型绿地和雨水湖等“海绵城市”项目，形成“山、水、林、湖、湿地”一体化地漂浮在海上的城市海绵体。落实“城市管理要像绣花一样精细”的要求，全面提升城市品质，把城市装点得更有活力、更有气质、更有品位。

三是利用生态环境优势，发展横琴特色的时尚型体育休闲活动。充分利用横琴集山、河、海、岛等元素为一体的自然资源，毗邻港澳的区位优势，发展马拉松、山地越野赛、自行车、皮划艇、高尔夫、马术等时尚的体育休闲产业及极限运动产业，大力发展体育旅游，打造一批体育旅游示范基地和精品线路，通过新、奇、特的特色、时尚项目，吸引追求潮流、刺激娱乐体验的国内外新中产阶层人士，把横琴作为旅游休闲度假目的地。

参考文献：

[1] 横琴新区政府网站.横琴定位，[EB/OL]. http：//www.hengqin.gov.cn/dqdfw/sjb/tzpt/hqgh/hqdw/content/post_368862.html，2015–04–20.

[2] 新华社. 10年4次到横琴，总书记说：开发横琴的初心不要忘[EB/OL]. http：//news.southcn.com/china/content/2018–10/23/content_183770467.htm，2018–10–23.

[3] 雒树刚.以习近平新时代中国特色社会主义思想为指导 努力开创文化和旅游工作新局面[J].时事报告，2018（4）：69–85.

[4] 中经文化产业.文化和旅游部新任党组书记胡和平的文旅观[EB/OL]. https：//mp.weixin.qq.com/s/x9JG3uEQP2C7f1FquKv–lg，2020–08–03.

[5] 中华人民共和国中央人民政府网站.文化部 中国人民银行 财政部 关于深入推进文化金融合作的意见[EB/OL]. http：//www.gov.cn/xinwen/2014–03/25/content_2645393.htm，2014–03–25.

[6] 生态环境部党组.以习近平生态文明思想引领美丽中国建设——深入学习《习近平谈治国理政第三卷》[N]，人民日报，2020–08–14.

[7] 中华人民共和国中央人民政府网站.粤港澳大湾区发展规划纲要[EB/OL]. http：//www.gov.cn/zhengce/2019–02/18/content_5366593.htm#1，2019–02–18.

[8] 刘同舫."绿水青山就是金山银山"理念的科学内涵与深远意义，光明日报[N]. 2020–08–14.

[9] 新华社.习近平在中央城镇化工作会议上发表重要讲话[EB/OL]，http：//www.xinhuanet.com/photo/2013–12/14/c_125859827.htm，2013–12–12.

旅游集散中心的市场化创新之路

——以大同市旅游集散中心为例

李迎东，李柏臻

（大同市旅游集散中心有限公司，山西 大同 037000）

摘　要：公共服务的市场化模式需要诸多的创新性思维，一个具备创新性和前瞻性的模式规划，可以让公共服务与市场服务互惠互利，互补互助，形成良性循环，反之则会催生更多因为“破坏市场规律”而形成的“死水一潭”，本文通过分析我国旅游集散中心的发展现状，总结出因集散中心的特性而形成的痛点，之后通过对大同市旅游集散中心市场化运营模式的介绍、分析和展望，归纳出一些对于城市旅游集散中心未来如何进行市场化运营和创新的建议。笔者根据多年大同市旅游集散中心的实际运营经验，结合学术性的文献参考和研究，总结归纳出若干关于城市旅游集散中心如何进行市场化创新性运作的经验之谈，提出城市旅游集散中心的发展将向着多元化、市场化、特色化的道路持续迈进，并对旅游集散中心未来市场化的创新提出建议。

关键词：旅游集散中心；市场化；模式创新

一、旅游集散中心的现状

旅游集散中心，作为伴随着我国旅游市场发展模式而产生的一种城市旅游公共服务机构设施，它的三个核心功能：旅游公共服务咨询、旅游直通车和旅游地接，基本与国外发展已经成熟的游客服务中心相同，但我国的旅游集散中心与国外的游客服务中心之间的不同在于，其自身始终具备着公共服务的公益性和旅游产业发展的市场性的相辅相成，这也与我国旅游产业由公务接待向游客接待不断演变的发展属性是相符的。陈静、王泽发[1]（2012）曾对国内20个城市旅游集散中心进行过对比研究，在掌握它们的基本情况，如成立时间、经营模式、机构选址、中心定位等的前提下，总结分析其选址、定位、经营模式的原则和规律，将城市旅游集散中心的运营发展模式分为政府主导型、政府引导型和市场化运作型。这一分类在目前学界已经得到普遍认可，并作为权威性分类加以应用。

在1998年上海建立第一家旅游集散中心之后，全国各一、二线城市纷纷通过各种方式建立了自己的旅游集散中心，这个时期的旅游集散中心，都是按照上海旅游集散中心

［作者简介］李迎东（1969—），男，山西大同人，大同市旅游集散中心有限公司董事长，学士，研究方向为旅游公共服务、旅游交通服务，E-mail：624085425@qq.com；李柏臻（1991—），男，山西大同人，大同市旅游集散中心有限公司服务中心总经理，硕士，研究方向为旅游集散中心市场化运营模式，旅游公共服务运营模式，E-mail：398535725@qq.com。

这一模板进行设立的，因此其大部分还是以政府主导型和政府引导型为主的。进入 21 世纪后，我国的旅游产业出现了井喷式的发展，旅游业增幅始终保持在 10% 左右，高于全球增幅 3~5 个百分点[2]，尤其在进入 2008 年之后，全国各个城市都开始了旅游产业转型的发展布局，旅游集散中心也逐渐成为大家的关注点，一时间各地的旅游集散中心纷纷成立，此时的城市旅游集散中心，已经不仅仅需要承担旅游咨询、宣传等公共服务职能，日益变化的旅游市场环境要求旅游集散中心需要具备更多的市场功能，民营企业和社会资本的参与越来越重要。目前我国大部分旅游集散中心都没有脱离三种主流的运营发展模式，但真正取得模式创新领先和实践成功的屈指可数，针对目前我国的旅游集散中心所遇到的问题，可以简单地归纳为三个点：

（一）公共服务职能的非营利性

城市旅游集散中心的核心职能，在于它的公共旅游服务，这一核心职能所决定着它必须承载公共服务职能，这部分应该由政府公共服务的采购来支撑。但许多地方旅游公共服务的政府采购流程尚不通畅，使得一些集散中心成本过重，成为企业赢利的掣肘，甚至严重影响了其公共服务的充分发挥。

（二）企业体制的低灵活性

旅游集散中心的历史发展模式决定了其在成立时，大多数还是由体制内的部门或企业改制或转型建立的，目前我国许多城市的旅游集散中心，都是由之前的国有客运公司改制建立，以及城市文旅集团设立的，传统的体制确为公共服务机构的基底，但是在面对多元化的市场时，便会出现其体制的诸多问题，难以真正实现市场化，从而取得市场竞争力。

（三）行业竞争的复杂性

旅游集散中心与一般旅行社相比，在业务模块上存在不少交叉与重复，它的竞争核心在于其以客运集散为枢纽，带动产品和线路的开发及销售，有自己的独特优势。但是和以轻资产运营为主的旅行社相比，过重的资源运营带来的是企业成本的高居不下，而旅游行业由于行业监管和市场变化的复杂性，线路产品往往是低润求量的，旅行社作为一个存在多年早已日臻成熟的行业中介服务机构，对于行业的变化和复杂性早已具备了极强的适应性和敏感度，同时由于本身运营的轻资产性，可以根据市场变化进行不断的创新和变通，这对于集散中心来说，过低的行业利润和复杂多变的市场竞争，使得重资产运营的企业需要具备更多的产品创新能力和市场运作模式，否则在市场竞争中难以保持稳定持久的竞争力。

在 2018 年，文化和旅游进行国家层面的部委级改革后，文化为核，旅游赋能的文旅新趋势逐渐成为行业的新课题，全域旅游再次被提到行业发展的核心点上，时至今日的旅游集散中心，早已不再仅仅是一个旅游公共服务窗口，如何能够更加地适应多元化的市场需求，让旅游集散中心真正成为一个城市迎接四方游客的“城市会客厅”，旅游集散中心这一传统而新颖的公共服务机构，亟须新颖的运营观念和创新的实践模式。

二、大同市旅游集散中心的集散模式创新

（一）一体两翼运营模式

大同市旅游集散中心是大同市文化和旅游局监管下的综合型文旅运营平台。它的成立，弥补了大同历史上无旅游公共服务窗口，缺旅游集散中心、无旅游直通车的历史和空白。经过近 5 年的探索，已经形成了相对有效的市场发展模式。除旅游公共服务咨询、旅游直通车、旅游地接这三项核心功能外，通过线下旅游服务和线上旅游平台为游客提供线路、票务、住宿、导游、汽车租赁等业务。现已建成大同古城、大同南站、大同火车站、云冈机场及各区县共计 17 个旅游服务窗口。目前已开通恒山—悬空寺和云冈石窟景区和古城直通车以及乡村旅游直通车线路共 25 条。

2018 年 5 月，大同旅游交通一卡行正式发行，同年，“大同旅游网”正式上线。一卡行作为旅游交通惠民卡，是以景区直通车为核心，大同市周边游为推动力，以创新模式降低大同市民休闲度假出行成本、方便外地游客来同旅游的交通问题、大力挖掘县区旅游资源，辅以“大同旅游网”的在线平台支持，初步形成了“一车一卡一平台”的创新复合模式。

2019 年 3 月，山西蓝景田园文化旅游有限公司成立，同年，“大同旅游网”升级为“大同游玩总入口”平台，这两个平台型企业的成立，使得大同市旅游集散中心在“一车一卡”核心不变的前提下，将“一平台”的意义进行了进一步延伸：大同市旅游集散中心成为兼具文旅开发和旅游网络平台于一体的综合型旅游服务平台。

2020 年 4 月被文化和旅游部正式宣布入选文化和旅游公共服务功能融合试点单位。

大同市旅游集散中心的核心业务开启，与其他市场化运作的民营旅游集散中心区别不大，都是从串联大同市中心城区及周边重要景区、县区、乡村旅游资源这些原本分散无序的资源开始的，通过集散中心的旅游交通优势和旅游营销优势，将分散的旅游资源整合、打包、营销，但大同市旅游集散中心在这个过程中，逐渐开启了景区的打造——“山西蓝景田园”和城市旅游智慧平台建设——“大同游玩总入口”。由此以大同市旅游集散中心为核心，山西蓝景田园的旅游咨询规划运营和大同旅游智慧平台的城市级旅游平台的搭建为推力，形成了“一体两翼”的运营模式（图 1）

1. 一体——大同市旅游集散中心

大同市旅游集散中心目前为企业“一体两翼”业务模式的核心“一体”，通过旅游直通车的核心优势，承接城市公共咨询服务和旅游地接业务，线上、线下累计接待游客咨询服务 212.36 万人次，其中公共服务接待占 80%。大同市旅游集散中心通过自身核心优势，为来同游客提供传统旅游服务，为团队企业提供车辆、会展和节事活动服务，同时为旅行社同业提供线路批发服务，这使得大同市旅游集散中心既是具备公共服务职能的服务中心，又是具备市场化运营功能的旅游企业。

图 1　大同市旅游集散中心“一体两翼”架构图

2. 两翼——大同智慧旅游平台

作为城市旅游体系的重要组成部分，城市智慧旅游平台是当前每个旅游城市不可或缺的重要平台。大同市旅游集散中心在企业的创建伊始，便已经上线“大同旅游网”，为城市搭建智慧平台入口，在与市场的不断碰撞磨合中，逐渐形成了一个完整的智慧平台计划。为向入同游客提供“全域旅游公共服务 + 旅行商城”的在线服务平台，大同市旅游集散中心在“大同旅游网”的升级平台：“大同游玩总入口”旅行商城的基础上，拟建成以游玩助手、公共服务、旅行商城为三大核心功能的“大同文旅在线”服务平台（图 2）。以此为依托，逐渐面向景区、酒店、餐厅开放数据平台，形成一个城市体量的系统化的智慧旅游联网平台。这一平台将在未来一方面成为大同市城市旅游的官方总入口，承载政府公共窗口职能，另一方面担负着大同市城市旅游的整体品牌营销，以平台思路，汇集大同各方旅游资源，通过线上平台对资源进行整合营销，提升城市整体旅游品牌 IP，形成一个城市旅游品牌的整体输出。

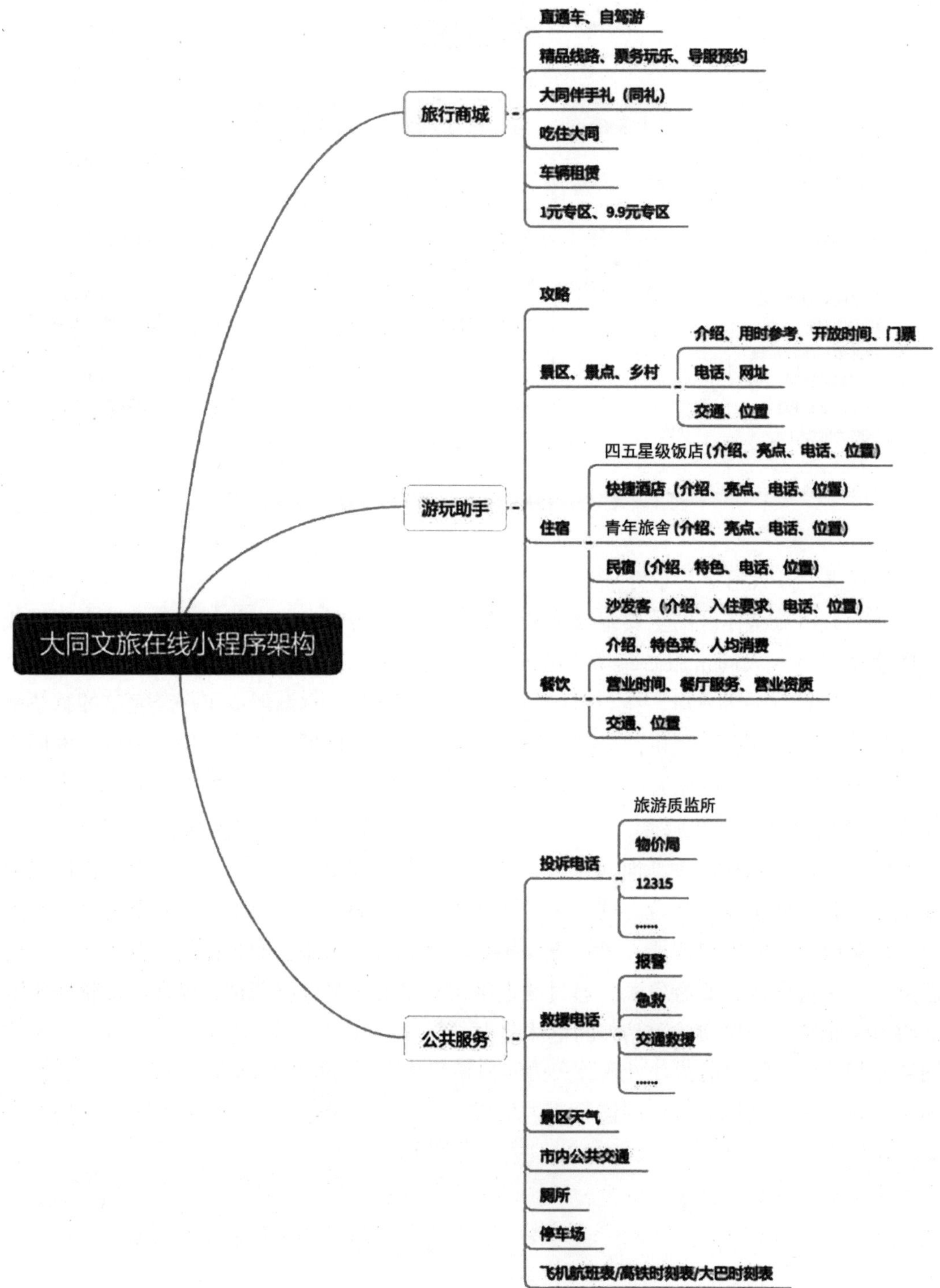

图 2 “大同文旅在线”服务平台第一阶段架构图

3. 两翼——山西蓝景田园文旅

大同市旅游资源布局分散，尤其是乡村旅游资源，大量的优质资源由于道路、村民思想、市场力度等各方面原因始终不能得到与其资源优质程度匹配的市场关注度。大同市旅游集散中心在 2017 年开通景区直通车后，持续向全域旅游直通车迈进，积极开拓县区、乡村优质旅游线路，截至 2019 年 10 月，大同市旅游集散中心全域旅游直通车已打通常态化线路共计 25 条，覆盖大同市全部 4 区 6 县，累计发车 1738 车次，发送游客 7.2 万人次，带动沿线村落 68 个，成为旅游精准扶贫的有效实践者。

在开通线路的同时，大同市旅游集散中心以山西蓝景田园文化旅游有限公司为发起点，联合大同市休闲农业与乡村旅游协会等各方资源，为大同市的四区六县打造属于每个地方自己的，具备不同文化属性的节庆活动。目前已经成功策划并举办了“阳高杏花节”“广灵点谷节”“灵丘花塔首届乡村艺术节”等不同特色节庆活动，并逐渐打造“月月有节庆、周周有活动”的大同农业文旅 IP 新模式。大同市旅游集散中心通过农业、文化和旅游的跨界融合，增加了乡村旅游的文化内核，提升了乡村旅游的吸引力，从而带动产业、促进消费、提高收入，真正摸索出了一条“文旅带动产业兴、产业振兴乡村旺，乡村致富奔小康”的乡村文旅脱贫攻坚模式，在助推乡村振兴的大文章上，开拓自取，自救破局，率先蹚出一条农文旅融合发展的新路子。

在五年的模式探索中，大同市旅游集散中心一直在致力于集散中心这一公共服务的市场化创新思路，“一体两翼”的架构就是在这一思路下不断发展完善的集散创新模式。通过旅游交通，架设全域旅游的基础框架；通过节庆策划和运营，拉动全域旅游的内容铺设；通过线上旅游服务平台的架设，服务全域旅游的未来。用文化内核赋能文旅增值，用文旅项目带动产业融合，用产业发展提高城市文旅品质，从而实现旅游集散中心三方面的价值：旅游公共服务价值、旅游市场服务价值和文化增值价值。

（二）四个创新实践点

1. 旅游产品创新——整合线路，创新内容

旅游集散中心的职能决定了它有条件成为一个资源整合的平台。由于旅游直通车的优势，使集散中心有整合线路的便利条件，但仅仅做景点串联式的整合是不够的，创新内容才是关键。随着消费者对旅游文化体验和产品体验的需求不断加大，在地文化挖掘、体验项目打造和当地农特产的体验式消费成为关键。特别是今年疫情后大旅游市场将会有较长的恢复期，但乡村旅游却成为快速启动的市场。

中国的乡村文化深厚，但乡村旅游却内容单一，同质化严重。大同市旅游集散中心从 2020 年 4 月开始通过“一个核心四个模块”的方式在疫情之后启动乡村旅游市场。一个核心是指主题节庆活动，四个模块是指：

（1）产业融合模块，活动中设置丰富的乡村体验项目和消费内容。

（2）农产销售模块，设置农特产品线上直播带货和线下购买。

（3）全域线路模块，以节庆活动为核心设置区域线路，拉动全域旅游。

（4）强力营销模块，通过强大的营销放大传播效应。做到场场节庆超百万人关注。

以此思路我们推出了阳高杏花节线路、广灵点谷节农耕体验线路以及“艺术进乡村”的乡村艺术节等乡村主题线路产品，极受消费者喜爱。从而在疫情之后迅速启动了大同的乡村游市场，满足了游客需求，增加了农民收入。这种通过文化挖掘赋能乡村，通过产业融合拉动消费，实效巩固脱贫攻坚，切实拉动全域旅游的模式，获得了文旅部门及区县政府的高度认可。

2. 服务形式创新——以营销促服务

对于游客而言，最满意的服务是旅游的最终实现，也就是说既要享受满意的咨询服务，又购买了需要的旅游产品内容。对此，大同市旅游集散中心采取了以下措施：

首先，实施旅游咨询服务标准化管理。对所有咨询服务窗口进行统一形象，统一标准，统一流程，下一步将实施评级管理。

其次，建立服务营销机制。旅游服务其实是一个“服务营销”的概念，它的提升最终是要以企业化运作的方式进行的。服务的提升不仅在硬件，更在团队专业度、运营模式、市场能力等相关软件。在旅游行业中，服务与营销息息相关。游客的许多需求是旅游消费，要将好的线路和产品呈现给游客，还要让游客一站式购买。因此，通过咨询式营销，让游客购买到自己满意的旅游内容，同时企业通过对服务和营销优秀者进行激励，调动员工的积极性，让客服人员更加积极主动地向游客提供咨询服务。

最后，建立会员制。大同市旅游集散中心的“一卡行”会员体系，目前会员存量为3万人，对本地市民客群实施会员管理，可以长期持久高频地支持着旅游集散中心的乡村旅游线路产品。之后中心还可能发行更多的专项卡，如“亲子卡”“田园养生卡”等，这些卡针对不同的人群以及相应的需求，从而打造专属的旅游线路和产品。

3. 综合业务模式——公司已建立“一车一卡一平台”的业务发展模式

“一车”即交通系统：包括直通车、17 个服务窗口和线路系统。

“一卡”即会员系统：3 万一卡行会员。

“一平台”即线上销售平台：大同旅游集散中心开发了智慧旅游平台——大同文旅在线，对游客而言，它是大同游玩总入口。游客可在线咨询旅游事项，也可预订或购买直通车线路、景区门票、导游预约、租车等。

4. 建立和强化集散中心的品牌

大同市旅游集散中心以“品牌赢天下，模式创未来”的企业理念，在企业运营过程中，始终将品牌影响力的打造和企业模式的创新作为重中之重。

（1）疫情期间建立文化阵地，开设“大同文旅在线微课堂”

利用疫情期间知识型直播的热潮，开办“大同文旅在线微课堂”直播，在大同市文旅局的指导下，与大同市旅游协会、大同市休闲农业与乡村旅游协会等多方合作，邀请多名大同文化名家、民俗学者以及文旅界的专家学者们，系统地讲述大同的历史文化、民俗民风、美食美景等，让本地市民重新认识大同、了解大同、爱上大同，切实地推动地方文化与旅游产业的融合与发展。

（2）创建“代京同礼”品牌

大同市旅游集散中心通过与大同市休闲农业与乡村旅游协会以及各个村镇企业进行合作，整合乡村贫困地区优质农产品资源，秉承“一村一品”，直采直销的方针，挖掘产品故事，建立产品整合、市场营销、品牌推广，到线上分销、线下直销的一体化产业链条。

三、大同市旅游集散中心创新模式的未来发展

城市旅游集散中心作为城市旅游服务功能的重要载体和窗口，为来往游客提供集散、疏导以及相关信息服务，它是为旅游者提供旅游基础服务的功能机构，也是旅游景区和游客之间的缓冲空间。随着我国旅游产业的快速发展，尤其是中小城市及乡镇乡村在产业转型的过程中，逐渐把旅游产业作为转型重点的关键时期，对于城市旅游集散中心的需求已经不再局限于体量级的旅游城市，而是向更广的范围延伸。大同市旅游集散中心在五年的模式探索中，不断清晰文旅企业的发展思路，逐渐将“平台化”和“产业链整合”两个关键元素植入模式的创新中，为旅游集散中心如何在公共服务职能的完善与市场价值的实现之间平衡，找到了一个较为清晰的创新发展模式，而通过三个“一体化”的发展原则，大同市旅游集散中心旨在为模式注入持续不断的生命力，真正为旅游集散中心的模式创新赋能，从而实现真正的模式创新。

（一）组织形式一体化——托管经营，区域联盟

区域化发展是当今世界的经济发展主流，在竞争中谋求合作，在合作中提升竞争档次，以区域综合实力为推力，提升整体竞争力，这是区域化发展的基本理念。从最初的三大经济带、三大经济圈到现在各个省市都在进行区域化串联，将产业进行整合打包，互通有无，提升综合竞争力，这样的合作模式是值得各个旅游集散中心借鉴的。

目前大同市周边地区如张家口、乌兰察布、忻州、长治等地方都有运营旅游集散中心的需求，并且都在寻找可持续的发展路径。大同市旅游集散中心模式的成功建立，已经为周边城市的集散中心打造方向提供了极佳的样板，许多周边城市，包括乌兰察布、张家口、朔州等都已经与大同市旅游集散中心形成战略合作协议，希望通过诸如共同经营、托管运营等方式进行集散中心运营的深度合作，在实现当地旅游集散的建设运营需求的同时，也为区域化的集散联盟模式创造了可能。目前，大同市旅游集散中心已经注册成立山西三晋旅游集散中心（集团）公司，建立乌大张区域联盟体，不断探索旅游集散中心区域化运营和打造全国旅游集散中心知名品牌的可能性。

（二）线路系统一体化——线路整合，游客互送

交通集散作为旅游集散中心的核心业务功能，可以说是旅游集散中心的命脉，旅游集散中心的产品创新很大程度上都是来自于对交通集散的资源把握。在市场的激烈竞争中，旅游集散中心要时刻把握自身在交通集散上的巨大优势，活用旅游直通车线路，整

合景区端资源，把握旅游市场方向。同时通过区域化集散中心的联动，实现区域内游客直通，景区互送，线路共享，根据市场需求不断打造最具竞争力的线路产品，真正实现旅游集散中心区域甚至全域的线路一体化。

大同市旅游集散中心与张家口旅游集散中心在 2019 年首次行程线路联动，在乌大张区域联盟中率先领跑，开通了大同—崇礼旅游直通车，让游客可以从大同市区直达张家口的大境门景区、崇礼东奥指挥中心以及太舞滑雪小镇，真正实现点对点的游客互通，通过发挥旅游集散中心区域联动的平台化优势，打造独一无二且极具市场竞争力的精品线路，为“乌大张金三角”旅游资源的深度融合奠定了坚实基础。未来集散中心还将与周边城市积极联动，开拓更多区域集散的线路联动模式，打造多维度、立体化的立体化线路系统。

（三）资源平台一体化——智慧旅游，资源共享

平台化的运营思路，是旅游集散中心品牌竞争力的核心，未来是否拥有一个完备的线上线下一体化资源平台，将成为衡量一个旅游集散中心是否合格的重要标准。平台的设立，对于旅游集散中心来说，不仅仅是满足自身智慧化平台建设的需求，更多的是通过区域化的平台联动，以地方旅游集散中心线下优势资源为依托，打造区域化智慧旅游平台，将资源“云端化”，更好地打通地域之间的互通渠道，更好地实现旅游集散中心的区域资源整合共享以及智慧化平台运营，打造真正的智慧文旅一体化平台。

大同市旅游集散中心在创建伊始就已经开始进行智慧旅游平台的搭建与布局，建立起了“大同旅游网”与“大同旅游一卡行”相结合的智慧旅游系统，通过五年的探索与改进，在 2019 年正式上线“大同游玩总入口”，以游玩助手、公共服务、旅行商城为三大核心功能，为入同游客及本地市民提供本地玩乐攻略、全域旅游公共服务查询及包含食、住、行、游、购、娱各要素的智慧旅游服务平台。该平台从微信小程序进入，包含大同各景区景点介绍，住宿、餐饮、交通资讯，特色游同线路推荐，并提供旅游咨询等服务，目前已被大同市文化和旅游局列为 2020 年政府重点工程项目。未来大同市旅游集散中心将通过不断加强和完善线上智慧旅游平台建设，整合线下资源，采集城市旅游大数据，运用大数据、物联网、人工智能等技术手段，实现行业管理平台、企业信息平台、游客自助平台等功能的实现，在自身平台基础上发展建设区域智慧旅游平台，将城市旅游集散中心真正打造成为城市智慧旅游窗口，实现旅游智慧新模式。

四、结语

随着我国旅游产业的快速发展，尤其是中小城市及乡镇乡村在产业转型的过程中，逐渐把旅游产业作为转型重点的关键时期，对于城市旅游集散中心的需求已经不再局限于体量级的旅游城市，而是向更广的范围延伸，而旅游集散中心这一将公共服务职能与市场化运营进行完美融合的旅游公共服务机构，必将成为各个地方政府所关注的重点，对于寻找成功模式已久的旅游集散中心们来说，这将会是突破瓶颈，实现飞跃式发展的重要机会，而对于希望通过旅游集散中心的设立，来实现全域旅游基础框架搭建的地区来说，参照以往案例，根据自身条件，因地制宜地选择旅游集散中心的发展模式，同时结合自身特色，不断对模式进行大胆创新，保持城市旅游集散中心的竞争力和生命力，是发展地区旅游产业的重要环节。

大同市旅游集散中心以“一车一卡一平台”的业务模式，“一体两翼”的企业运营模式，正在将自身打造成一个文旅综合运营平台，旨在整合所有旅游经营资源，联合所有旅行社和旅游微商等同业资源，服务所有出入大同的游客。未来，大同市旅游集散中心将围绕“文化旅游公共服务＋市场化整合运作＋品牌化输出”的发展道路一步步探索。

参考文献：

［1］陈静，王泽发.城市旅游集散中心发展策略研究［J］.乐山师范学院学报，2012，27（8）：87–90.
［2］王钦安，马耀峰，王丽芳.21世纪初期我国旅游发展新趋势探讨［J］.社会科学家，2008（6）：92–94.

首都经济圈旅游一体化的文化导向与实践

耿　波

（中国传媒大学，北京 100024）

摘　要：“首都经济圈旅游一体化”是北京旅游发展的必然趋向，“首都经济圈”是经济共同体，但同时又是以长期以来凭借经济要素流通而形成的文化共同体。“首都经济圈旅游一体化”的文化导向不是解决旅游技术的问题，它是从旅游的重新定位出发，将旅游行为视为包含感官娱乐与文化体验、价值认同的复合行为，以此重新定位“首都经济圈旅游一体化”。

关键词：首都经济圈；旅游一体化；文化导向；实践

一、“首都经济圈”的文化传统与“旅游一体化”的文化导向

“首都经济圈旅游一体化”是北京旅游发展的必然趋向，这来自北京在区域发展中的特殊地位。在华北区域社会中，北京作为中国最具影响力的城市，具有其他城市无法比拟的区域辐射力。

北京的区域辐射力，首先来自北京在中国华北区域经济体系中的经济枢纽地位。早在元代，北京在整个中国北方的经济枢纽地位就已初步形成。在元代，元大都的建立使北京从以洛阳为中心的宋王朝版图上凸显出来，确立成为中国北方的政治中心。不仅如此，在元代随着京杭大运河的开掘，北京在中国城市发展史上成为继西安、洛阳之后，第三个连通中国南北经济的枢纽城市。元代的北京，向北接通了内蒙古及大西北地区，大量的内蒙古与西域物产进入北京，特色产品琳琅满目，异域色彩异常浓厚；向南则顺京杭大运河与江南经济区来往频繁，运河沿岸的天津、河北、山东则成为运河经济的承接地带。因此，早在元代，围绕南北经济交往，就形成了以北京为中心，京、内蒙古、津、冀、鲁连成一体的“首都经济圈”。时至明清，南北经济交流日益频繁，商业贸易空前发达，晋商与徽商、浙商、闽商等地方商业势力迅速崛起，成为引领全国商业发展的主流势力。因其特殊的地缘关系，晋商买卖虽遍及全中国，而北京始终是其最大的聚散地，所以，在明清时期，山西在传统首都经济圈格局中扮演了领头羊的角色。民末至中华人民共和国成立，因战乱频仍，民不聊生，首都经济圈的经济一体化格局遭遇重创，但山东、河北、山西等大量难民流入北京，形成了另一种意义上的经济一体化聚集。中华人民共和国成立后，在中央集权经济的大背景下，首都经济圈的一体化特征并不明显。20 世纪 80 年代以来，随着市场经济的展开，经济要素的区域化聚集开始加速，时至今

［作者简介］耿波（1976—），男，山东淄博人，中国传媒大学人文学院教授，硕导、博导，研究方向为文化与艺术、宏观经济管理与可持续发展，E-mail：ggggbo@sina.com。

日，以北京为中心的首都经济圈已成为中国区域经济体系中的重要一极，其在中国地区经济发展中所扮演的角色也越来越明晰。

然而，关于“首都经济圈”，分析其经济功能与产业结构无疑是有必要的，但“首都经济圈”是否仅仅是以经济要素流通而形成的纯粹经济功能综合体？

所以会如此追问下去，因为纯粹经济意义上的“首都经济圈”缺乏支持“旅游一体化”构建与展开的依据。“首都经济圈旅游一体化”的命题，其实是包含两种共同体观念的叠合，一种共同体观念是“经济共同体”，另一种共同体观念则是“旅游共同体”。“经济共同体”的观念较好理解，何谓“旅游共同体”？旅游行为就其社会属性而言包含两个层次：一个层次是产业层次，即旅游消费，在旅游作为消费的意义上，旅游对象要求能够满足人的感官欲望；另一个层次则是文化层次，在旅游作为文化的意义上，旅游对象则要求具备文化深度，能够承载旅游行为中人们的文化认同与寄托。文化认同因文化个体的不同而无限多样，而能够承载大多数人文化认同的对象则实现了文化共同体的构建。在旅游作为文化行为的意义上，通过旅游实现了多样人群的文化认同，旅游成为人们实现文化共在的方式，即“旅游共同体”。

在旅游不仅是产业行为，同时也是文化行为的意义上，“旅游共同体”其实是文化生产与实践的过程，而其构建必须以旅游对象的文化底蕴为前提，在此意义上，“首都经济圈”如果纯粹是以经济要素的流动而形成的共同体，那么，其对旅游行为需求的满足将仅限于感官层次，而这种旅游中的感官满足在当下娱乐文化铺天盖地的前提下是缺乏竞争力的，而其衰落也是必然的事情。从世界旅游发展的趋势来看，包含文化体验与认同诉求的深度旅游已日益成为当前旅游需求的主流，“首都经济圈”作为中国经济发展的高原地带，居民的旅游诉求也正在跨越或已跨越相对浅薄的感官旅游，向深度旅游前进。在此前提下，“首都经济圈旅游一体化”如果要实现两种共同体的真正叠合，使首都经济圈旅游满足人们文化认同的诉求，必然需要包含自身文化传统的“首都经济圈”。

那么，“首都经济圈”是否具有自身的文化传统？答案是肯定的，“首都经济圈”是经济共同体，但同时又是长期以来凭借经济要素流通而形成的文化共同体。“首都经济圈”的文化共同性是从元代开始的。在元代，随着元大都成为南北经济的枢纽，不同的地方文化迁移至此并发生碰撞，内蒙古草原文化、西域文化涌入城市，与顺京杭大运河北上的江南文化交会碰撞，形成了元大都自成一体的城市文化；这种城市文化的主体特征，在于以城市水系空间为载体的官方文化、山林隐逸文化与市民文化的“多层、散点文化形态”。在今天，元代北京的城市文化遗迹散落在城市建筑、民居、习俗、口语等方方面面，成为掩藏在北京深处的另一个“北京”。到了明清时期，北京作为全国政治中心的地位更加巩固，商业发达更强化了北京的经济聚集特点，使得不同地方文化传统在北京的冲突更加多元而剧烈，其中，津、晋、冀、鲁因其与北京密切的经济往来和各具特色的地方文化特色而在明清北京多元文化冲突中特别突出，然而，明清北京城几乎所有地方文化传统都被整合在强大的皇权文化中，但这种整合并不是完全去掉其地方性，而是以文化拱卫的形式被置放于皇权文化的周围，朝向一个中心但又各自保持其地方特色，形成明清北京独特的“拱卫式文化形态”。这种以皇权或权威认同为中心的文化拱卫形态，形成于明清，持续至今，是北京城市文化结构最独特的地方。

然而，不管是元代城市文化的“多层散点”还是明清城市文化的“拱卫形态”，北京城市文化的内在精神总体呈现为“包容与认同”。所谓“包容”，是指不同地方文化传统在北京城市文化中以冲突但融合的形态落地生根，文化多元性特征明显；而这些多元地方从冲突而融合的关键，则在于在其相互冲突中面向中心价值而产生的向心式“认同”。在此认识前提之下，将北京城市文化的考察放大到整个“首都经济圈”，可以确认“首都经济圈”的文化结构其实是北京城市文化结构的放大形式：以面向北京中心价值的认同为凝聚点，多种地方文化传统，其中最明显的是内蒙古、津、晋、冀、鲁五个区域的地方文化在此汇集、冲突，并达到相互平衡，渗透在北京城市生活的各个层次；反过来，这些在北京实现汇聚的地方文化传统又可反向向其发生地追溯、呈现，这样就呈现出了一个以北京认同为中心、文脉纵横的“首都经济圈”文化地图。这张文化地图依托“首都经济圈”的经济要素而生但比经济更长远、更稳定，它内生于“首都经济圈”的多个层次，而民众的日常生活又是含有这一文化传统最丰富的地方。

“首都经济圈”的“旅游一体化”应以这一遍布内蒙古、津、晋、冀、鲁的文化地图为依托，才能真正满足“旅游一体化”的深度需求即文化认同的需求，奠定“首都经济圈旅游一体化”推进的内在基础。然而，“首都经济圈旅游一体化”的文化导向无法单独展开，旅游行为毕竟具有娱乐化的一面，旅游行为中文化认同需求的满足必然是与消费娱乐的满足杂糅在一起的。因此，“首都经济圈旅游一体化”中的文化认同是以潜在的形式发生于显在的旅游娱乐中，是旅游个体在旅游消费中所获得的深度体验。而旅客在旅游消费中深度体验的发生，往往不是自觉的，这需要旅游规划的创意点拨，通过旅游资源的创意发掘与呈现，使游客在获取旅游娱乐的同时产生文化寻踪和价值认同的冲动，对“首都经济圈”产生深层透视和深度认同。从旅游认知角度而言，这种旅游中的深度体验和深层透视，将使旅游个体产生明晰而富有想象力的认知结构，而单纯的旅游消费所造成的认识仅仅是转瞬即逝的“到此一游”。

二、推动“首都经济圈旅游一体化”文化导向的空间格局

旅游行为的典型特征是“游逛”，而游客旅游需求的产生与满足是通过空间位移完成的，这是探讨旅游文化的前提，研究“首都经济圈旅游一体化”的首要问题，是“旅游一体化”展开的空间格局问题。

关于“城市经济圈旅游”的空间格局问题研究不在少数。1990 年，复旦大学高汝熹教授明确了城市经济圈的概念，认为“以经济比较发达的城市为中心，通过经济辐射和经济吸引，带动周围城市和农村，以形成统一的生产和流通经济网络”。1996 年，国家发改委宏观研究院经济研究所王建在“中国区域经济发展战略研究”课题中提出了京津

冀都市圈、珠江三角洲都市圈、长江中下游都市圈、大上海等九大都市圈。著名旅游学者魏小安教授则对“环城市旅游度假带”提出了4个要素、4个原则和3种聚集方式：4大要素是区位—环城市；市场—城市；产品—度假旅游；分布形式—非圈、非点，而是不连续的一个“带”。4个原则是交通的便利性、市场的层次性、产品的度假性、规模的经济性，而3种聚集方式是交通聚集、资源聚集和环境聚集。

根据“城市经济圈旅游”的基本架构，我国著名文化地理学家陈传康教授提出了“大北京城市旅游圈”的空间格局。陈传康教授将北京的旅游区域划分为：(1) 京城游览区。(2) 山前带游览区，包括海淀游览区，昌平（八达岭、十三陵）游览区，房山游览区，怀密平谷山前带游览区。(3) 东部和南部平原游览区。(4) 西山游览区。(5) 燕山游览区。并根据距离尺度将郊区旅游类型分为3级：(1) 在城区旅游，中午回饭店用饭并午休。(2) 到近郊旅游。如出游颐和园或香山等处。(3) 到远郊旅游。如到八达岭、十三陵、十渡等处[①]。

陈传康教授的“大北京旅游格局”成为北京旅游官方规划的基本构建，在北京旅游业发展总体规划中，北京旅游空间格局被构建为三大旅游圈，即“中心城区观光商务娱乐旅游圈”“近郊平原康体娱乐旅游圈”和“远郊山地长城文化及自然观光度假旅游圈”，并形成了3圈21区的基本格局。而北京市2009年的《“十一五”时期旅游业发展规划》，则更是以此旅游空间规划思路为依据，确定了“首都经济圈旅旅游”的空间格局，即所谓“一区两圈”。“一区两圈”由都市核心旅游区、郊区旅游圈和环首都旅游圈组成。其中都市核心旅游区指以城八区为主，向外扩展至六环路以内的区域，该区域发展重点，是结合历史文化保护区的建设，以及京城水系和古典园林历史风貌的恢复，强化古都历史文化旅游产品开发力度，适时推出新的历史文化旅游产品，形成相应的旅游配套服务体系；郊区旅游圈包括六环路附近及其以外的郊区地域范围，重点发展特色主导旅游产品和旅游服务项目，休闲度假、名胜观光、生态康体、会议服务旅游产品，综合性休闲农业园；环首都旅游圈包括环北京周边地区的河北、天津和山西等省市，这一区域将以北京为核心，以京张、京承、京沈、京石、京开高速公路和京原国道为旅游交通，形成北部自然生态旅游、东南部海滨休闲度假、西南部历史文化观光、西部自然与文化观光四大特色鲜明的区域旅游板块和多条特色旅游路线。

从陈传康教授的“大北京旅游圈”到现在的“一区两圈”，的确为“首都经济圈旅游一体化”提供了清晰可行的框架思路，然而其缺陷也是显而易见的。事实上，从“大北京旅游圈”到现在的“一区两圈”，其格局规划思路有共同的设定前提，就是都建立在旅游产业化的单一定位之上，将游客的消费需求定为单一的休闲观光。这样的格局规划虽然与经济格局高度匹配，但也因此使得“首都经济圈旅游”成为“首都经济圈经济”的简单投影，而其“旅游一体化”也变成了“经济一体化”的缩微，这最终将无法承载

① 陈传康．陈传康旅游文集［M］．青岛：青岛出版社，2003：336–337.

在当前旅游发展日益凸显的游客对深度体验、文化认同的内在需求。

旅游行为是对产业需求的满足，更是对文化需求的满足，“首都经济圈旅游”的格局规划不能完全排除产业格局空间导向，但在产业格局的空间导向中文化空间应当成为“首都经济圈旅游一体化”的主体形态。所谓“文化空间”，是指产生、传承文化并随文化的发展不断拓展自身的空间形态，“文化空间”的空间形态不拘一格，它产生了文化传统并随着文化传统的发展而不断拓展自我，就其本质而言，“文化空间”即是文化传承与发展的空间踪迹。“首都经济圈”是具有稳定文化传统的区域空间，围绕北京多样地方文化的游动与融合留下了形形色色的文化踪迹，这些文化踪迹以其确定的空间形态指点出“首都经济圈”中的文化“故事”，有情节、有线索，正是当代游客从中寻觅文化踪迹、实现文化体验、构建文化认同的理想旅游载体。

构建以文化空间为主体格局的“首都经济圈旅游一体化”，应注意以下三个方面：一是“首都经济圈旅游”的空间格局应是产业空间与文化空间相结合的空间形态。旅游行为是同时包含感官需求与文化需求的行为，这使得单一的“文化空间”实际上缺乏吸引游客关注的直接动因。在“首都经济圈旅游”中，产业空间与文化空间的关系应是前者作为旅游行为的“导向框架”，后者则是实现产业空间深化、细化与组织化的“主体内容”。以北京核心城区旅游为例，如果根据陈传康的空间规划，所满足的仅仅是人们的休闲娱乐需要；人们在休闲旅游中自然产生出的文化追问，比如京西潭柘寺的来龙去脉，则无法得到满足。此时就应该有相应的文化空间来承接人们在旅游中所产生的文化追问与需求，或通过设置文化专题旅游路线来对旅游对象进行文化寻踪，或通过旅游展演形式的创新来使人们参与到旅游对象中去，如此等等，使人们由休闲娱乐需求而自然升华的深度体验需求在文化空间的深化、细化与组织化中表达出来并获得满足。二是“首都经济圈旅游”的文化空间应凸显九大文化传统。文化空间即是文化传统传承的空间踪迹，“首都经济圈”作为具有稳定文化传统的文化区域，其中有八大文化传承所形成的文化空间特别值得注意，分别为“皇家文化传统”，包括北京故宫、颐和园等城市核心区的历史文物，以及向整个首都经济圈延伸所形成的文化踪迹；“历史名人文化传统”，是“首都经济圈”范围内的文化与历史名人在区域中的活动踪迹；“宗教文化传统”，是“首都经济圈”中各种宗教活动流转所形成的文化遗迹；“地方民俗文化传统”，是该区域各种地方特色民俗所形成的文化形态；“商业文化传统”，主要是指各地围绕北京以及相互之间经济往来所形成的产业踪迹；“工业文化遗产传统”，主要指近现代以来在“首都经济圈”中洋务运动及当代工业发展所留下的文化遗迹；“北京新生文化遗产”，主要是指中华人民共和国成立以来在北京因各种大型典礼活动所形成的文化遗产，其中最典型的如鸟巢、新央视大楼等；“红色文化遗产”，主要是在近现代华北革命时期形成的文化传统。“生态文化资源”是在“首都经济圈”中围绕自然生态而形成的各种文化行为。上述八大文化传统的共同之处，在于不是孤立地发生在一个地方，而是以流动的文化之线贯通于北京与地方以及地方与地方之间，都形成了典型的“文化走廊带”，这正是人们在旅游活动中可追寻的文化踪迹。三是在“首都经济圈旅游”的空间格局规划中，内蒙古、山西与山东应成为格局规划中的重要成员。“首都经济圈旅游”的传统提法是“京、津、冀”，这一提法的依据其实是以城市间交通便捷为前提，并不特别科学；从“首都经济圈旅游”的文化传统发生来看，内蒙古、山西与山东应成为规划格局中的重要成员，因为“京、津、冀、鲁、晋、内蒙古”六省（市）并提才能凸显“首都经济圈旅游”的文化完整性。如前之所指出的，内蒙古与北京之间的文化交流是“首都经济圈”文化传统生产的起步阶段；明清时期，商业发达，山西成为“首都经济圈”中商贸活动的助力，围绕晋商活动产生了丰富多彩的文化遗产；清中叶之后，山东与北京的经济与文化交流成为“首都经济圈”发展的主题基调，早在民国年间，北京城中有接近三分之一的商铺和小买卖都是山东人在经营，同时也将独具特色的鲁文化带入了京城，加入“首都经济圈”的文化大合唱。将内蒙古、山西与山东纳入“首都经济圈”，才能真正使该区域的文化传统展现其完整性，“首都经济圈旅游一体化”的空间建构才能真正实现其文化导向。

三、“首都经济圈旅游一体化”的时间控制、交通创意与制度保障

旅游是典型的“游逛”行为，有空间移动则必然有时间发生，在旅游行为中，旅游的时间控制与其空间规划同样重要。从旅游管理的角度而言，旅游时间主要是指旅游行为整体所消耗的时间，按照旅游行为的不同阶段，旅游时间可分为旅游交通时间（“路上时间”）、旅游目的时间（“参观或参与旅游标的物时间”）、旅游消费时间（“旅游购物时间”）与旅游休息时间。理想的旅游时间分配，应是旅游目的时间所占比重越大越好。

在当前国内旅游发展中，旅游时间因为被定位于单一的旅游产业框架中而不能产生良好效果，其中重要体现即为旅游需求被设定为以观光猎奇为中心，旅游目的在整个旅游行为结构中放到较为突出位置，而其他的环节则失去了关注的价值，这在旅游时间上就造成了唯有“旅游目的时间”有价值，而其他“交通时间”“消费时间”与“休息时间”则变成了浪费时间。从旅游效率的意义上来说，这无疑是旅游低效率的表现；而从游客本身的时间体验而言，则因过分关注“旅游目的时间”而造成了破碎体验。

“旅游目的时间”过分凸显，其实来自旅游时间定制产业化的思维。从旅游产业角度而言，旅游就是一个制造并售出商品的行为，“旅游目的时间”就是要售出的商品，而其他时间则是缺乏商品性或商品利润不大的层面，不值得关注。因此，要有效提高旅游时间效率，使游客对旅游时间的体验获得最佳效果，就应调整旅游时间的定位前提，从“单一产业化”转向“产业与文化的双重定位”。

旅游时间的“产业与文化的双重定位”，是指旅游时间仍划分为交通、目的、消费、休息四个时间阶段，但旅游需求满足的界点不再是“以目的时间为中心”，而是将旅游需求的满足分散到各个时间点中，使交通时间、购物时间与休息时间都能成为唤起旅游需求并得到满足的有效时间，这实际上是旅游时间的极大优化，而实现这一转变的关键，

在于将游客对旅游目的之“猎奇观光”的需要向“文化体验”位移。能够满足“猎奇观光”心理的旅游对象所以吸引人，是因为它只能在一个单一的时间空间中呈现，因此才引发人们的好奇心理；而文化作为一种传统，则是借助连绵的物象以潜在的形态散布在时空中，构成了一种超越时空的氛围和强调，虽然不能使人大呼过瘾，但长久沉浸其中更能使人感受深刻，获得一种深刻的文化体认。旅游交通与线路创意，使文化弥散在旅游的整体时间中，则能实现旅游时间的高效转化。

“首都经济圈旅游一体化”的旅游时间利用，产业化倾向仍相当显著，旅游时间的效率提高必须实现从“以产业时间为中心”转向“以产业时间与文化时间互补”，具体实施措施可包括四个方面：

第一，构建“首都经济圈旅游时间调控体系”，对本旅游区域的代笔性旅游景区按照旅游时间进行错位统筹，对不同景区之间的文化关联进行深度发掘并纳入时间统筹编排中。在当下，游客在进行旅游行程安排时，往往根据自己的兴趣指向安排自己的时间，这些时间形式包括周六日、国家法定节假日以及个别特殊时间等；这些完全凭自己喜好进行的时间安排，往往会造成某些旅游点爆棚而另一些旅游点门庭冷落，旅游效果并不好。“首都经济圈旅游一体化”可进行不同地方旅游规划部门的协作，对“首都经济圈”内有代表性的景区按照最佳开放时间进行全盘统筹，不是一起开放或一起不开放，而是次第开放引导游客尽量就近前往，这样既能对旅游区资源进行有效保育，又能使游客节省旅游交通时间。另外，不同景区间的交通路段应尽量挖掘其文化景观，通过设置文化标志物的形式使景区间交通空间变成“文化走廊”，通过旅游景区的文化展演，使旅游购物和休息也能变成旅游体验的一部分，这样可最有效地利用旅游时间。

第二，大力开发多样“节日旅游”，使旅游时间获得最大意义。“节日旅游”是近年来民俗旅游兴起的重要形式。“节日旅游”与一般意义上的旅游有所不同，关键在于它的旅游目的物不是一个确定的对象，而就是“节日时间”本身。节日旅游，虽然有较为明确的去“玩什么”的指向，但节日旅游的魅力并不在于明确的目的指向，而在于加入“节日时间”中去的过程。这个过程几乎从旅游目的地出发就已开始了，节日现场的参与是高潮，这使得节日旅游的旅游时间从头到尾都是包含着文化体验的时刻，是旅游时间实现最大化的旅游形式。“首都经济圈”涵盖了中国华北的全部区域，在华北社会传统中，传统节日丰富多样，大部分形态完整，内涵丰富，是“首都旅游圈旅游一体化”节日旅游开展的富矿地带。

第三，积极开放多样旅游交通形式，使“首都旅游圈旅游一体化”的旅游交通成为文化体验得以生成的广阔空间。在旅游时间中，交通时间是其中的大头，但交通时间的无效也是当前旅游时间耗费最严重的部分，在传统北京旅游中，一个极大的问题就是“上车睡觉”。如何有效利用旅游交通时间？在当下，旅游规划部门的思路是交通提速，将旅游交通尽量依靠火车、高速路，以使旅游交通时间尽量缩短，这肯定是解决问题的必经之途，但也不是唯一途径。事实上，通过提速来减少旅游交通时间包含弊端，一是不管有多快，总有旅游交通中的煎熬问题；二是减少旅游交通时间，同时也使旅游中的期待被压缩了。所以，交通提速并不是有效利用旅游交通时间的途径。其实可以转换思路，可以让交通速度多样化，不必以“快”为目的，而是以“合适”为目的。比如在中短途旅游中，就没必要那么快地到达目的地，完全可以慢下来，或单车或自驾车，甚至结伴步行，在慢下来的过程中就可以得空关注沿途的风景，并且在慢下来的过程中可以细致深入地获取旅游中的深度体验。而对于长途旅游，可以采取前半段依靠快速交通，但在快接近目的地时，选择合适的“慢”步伐进行游览，这样获得的旅游体验将是丰富、细致和包含深度的。这就要求旅游管理部门推出多种多样的景点交通形式，优化接待与管理制度，使旅游交通成为深度文化体验发生的理想空间。

第四，“首都经济圈旅游一体化”的文化导向不是解决旅游技术的问题，它是从旅游的重新定位出发，将旅游行为视为包含感官娱乐与文化体验、价值认同的复合行为，以此重新定位“首都经济圈旅游一体化”。“首都经济圈旅游一体化”的文化导向，所满足的是人们由表层的感官需求向深层的文化体验与认同深入的需求，这符合了当前世界与中国旅游发展走向深度旅游的趋势，是推进“首都经济圈旅游一体化”的文化导向的背景。然而，推进“首都经济圈旅游一体化”的文化导向所面临的障碍也是显而易见的：即使在经济相对发达的“首都经济圈”，国民收入也是正处在从温饱向小康的过渡期间，花费不少的旅游支出在很多家庭中仍然被定义为一种单纯的消费行为，是在劳累的工作之余所寻求的“健康的快乐”，而将旅游上升为文化体验，这虽然是部分游客在旅游现场经常发生的，但如动员其“花钱买体验感”，在大部分游客群体中仍难以接受。

所以，问题的难点在于怎样定位旅游在人们生活中的位置，它是一种消费行为，还是一种文化行为？2009 年，国务院发布《国务院关于加快发展旅游业的意见》（国发〔2009〕41 号），明确提出要制定“国民旅游休闲纲要”，标志着我国休闲旅游发展进入了一个重要转折时刻。2011 年 8 月 2 日，《山东省国民休闲发展纲要》（以下简称《纲要》）颁布，这也是我国首个以《纲要》形式颁布实施的全民休闲促进性文件。《纲要》明确了“国民休闲是指国民在闲暇时间开展的旅游度假、康体娱乐、求知益智、愉悦身心等活动，是人类生存发展的基本需求，也是公民的基本权利和社会文明进步的重要标志”，提出了“把国民休闲的社会公益性摆在优先位置，不断加大政府投入，努力满足人民群众基本休闲需求”。《纲要》对旅游休闲的发展定位进行了关键创新，即将休闲旅游从单纯的产业形态提高到了公众权益与社会福利的层次。山东省发布的《纲要》虽然是一地行为，但也正是国家旅游发展的政策指向：在国民物质日益丰富的大前提下，旅游不宜定位为单纯的产业形式，它应当是人们追求文化认同、构建价值诉求、实现自我社会身份的行为。近年来，北京旅游规划部门推动旅游作为国民福利的步伐也在加快。在北京朝阳，先是启动了“千万旅游优惠进社区”活动，2010 年，在朝阳区旅游局的推动下，“千万旅游优惠进社区”活动将不再仅是“救市之举”，而成为一种常态。

政府出钱请老百姓旅游，这正是贯彻旅游作为民生权益的体现，而对老百姓而言，这也将改变其将旅游作为一种“拿钱买乐子”的观念，而是在没有经济压力的情况下逐渐放弃找猎奇需求，而通过旅游打开自我体验、开启文化寻根之旅、构建价值认同。“首都经济圈旅游一体化”的文化导向，只有在这样的旅游发展政策框架和体制保障中，才能真正健康地实现转型。

“博物馆下乡”路径研究

周　琰

（中国旅游研究院，北京 100005）

摘　要：2020 年是脱贫攻坚重要的一年，也是全面实现小康社会重要的一年。博物馆下乡作为文化下乡的重要组成部分，不仅承担着提升公共服务功能属性，而且对提升乡村农民文化素养和爱国情怀，增强文化自信具有重要作用。同时通过加强文化挖掘、创新、创造和传承，助推乡村文化产业化进程。通过“文化下乡”困境引出“博物馆下乡”话题，博物馆下乡主要采取传播国家政策、展示非遗文化、藏品科技市场化、流动博物馆等形式，其缺点在于展现观念落后以及展现方式不多。新时期，为巩固乡村脱贫攻坚成果，博物馆下乡要着重考虑乡村文化需求导向、挖掘当地文化、转变文化产品组织模式以及加强产业型企业沟通四个方面，提升博物馆下乡质效，不仅要把优秀传统文化传播下来，并有效扶植、培育当地特有博物馆文化产业，传承、发展、创新，形成新型商业化模式。

关键词：脱贫攻坚；博物馆下乡；路径

贯彻落实党的十九大精神，满足基层群众对美好生活的需要，助力精准扶贫，做好文化惠民、服务群众相关工作，博物馆下乡已经成为“文化下乡”的重要组成部分。博物馆不仅记录民族历史变迁，也肩负着民族文化的传承和发展。博物馆下乡一方面提供博物馆公共服务功能，另一方面促进当地民间文化挖掘、创造、创新、传播，构建“产业链”基地化、集体化、市场化的新型发展道路，形成丰富社会效益和经济效益。

一、文化下乡困境

1996 年 12 月，中央宣传部、国家科委、农业部、文化部等十部委联合下发《关于开展文化科技卫生“三下乡①”活动通知》，并于1997年开始实施。文化下乡主要着眼于满足最基层的普通民众对文化生活的强烈精神需求。2020 年是脱贫攻坚重要一年，扶贫

[作者简介]周琰（1985—），女，福建武夷山人，中国旅游研究院政策与科教所博士，研究方向为网络经济、旅游科技、旅游金融、文旅政策融合（文化政策方面），E-mail：zhouyan513@126.com。

① 三下乡包括文化、科技和卫生。其中文化下乡包括图书报刊下乡、送戏下乡，电影、电视下乡，开展群众性文化活动；科技下乡包括科技人员下乡，科技信息下乡，开展科普活动；卫生下乡包括医务人员下乡，扶持乡村卫生组织，培训农村卫生人员，参与和推动当地合作医疗事业发展。

关键在于扶智，而文化[①]下乡作为扶智[②]重要环节，成为维护脱贫成果的重要方式。文化下乡的困局在于大众传播媒介的嵌入与文化政策执行的异化，文化下乡的强势推进与农民需求错位的隐忧，村落记忆的日渐式微与共同体传播整合的困局。

（一）文化难以“有效传播”

首先，采取俯视视角，不能有效理解农民需求。作为公共服务组成部分“文化下乡”不能想当然地将农村视为“乡土文化”“低端文化”地盘，更不能以一种俯视眼光看待文化扶贫工作。中国城镇化，导致农村“空心化”，农村普遍充斥精神不安和文化焦虑，充斥文化碰撞和文化共同体记忆失落和超越艰难。其次，形式主义流弊。基层大多是响应号召，按指令行事，文化下乡更多是形式主义产物，农民需求和文化供给处于严重脱节状态。文化下乡需要按需定制路线，因时制宜、因地制宜，并强调“文化下乡”应该盘活沉睡的乡村文化资源，而不是简单铺摊子。

（二）文化难以“活起来”

首先，节目不符合需求。农民群众渴望“接地气”文化节目，反映农民真实生活文艺作品，比如身边人、身边事，民歌、采茶戏、花鼓戏等形式。其次，节目不符合实际。文化下乡要考虑当地文化、时间、人员、经济条件。对于当地文化来说，乡规民约、孝道文化、家风文化占主导地位；对于时间来说，比如农忙和农闲时间，节假休闲以及当地大型活动时间；对于人员，农民职业差异（经营型、服务型、生产型），农民区域差异（进城务工、中心城市之郊、中小城镇边缘、落后地区）；对于经济条件，江浙地区、云贵高原以及东北地区，其对于文化需求不同。

（三）文化难以“留下”

文化下乡初衷是让广大农民群众共享文化成果，并将其衍生到农村，但是实际效果不好。首先，由于文化模式落后，“送文化”没有有效转化为“种文化”和“育文化”模式。其次，传播手段落后。一方面，基础设施不到位，比如微信、微博、公共服务平台。应根据农村特点来营建文化中心、村文化大院、企业文化室，为农民丰富业余生活创造更好条件。另一方面，基础人才不到位，内容成旧、更新缓慢。基层农村边缘化导致优秀人才不愿进也留不下。可开展培训班、文艺比赛等，对农村中的文艺爱好者进行组织、引导和培养，使他们成为农村文化骨干，成为农村文化燎原的火种，积极鼓励农民开展丰富多彩的文化活动，把农民的内在需求和外在帮助结合起来，让先进文化在农村扎根、生长。

---

① 文化存在，或以物质形式保存，或沉积到精神深处制约人的思想和情感。文化生活是各种形式文化促使人们接受新的文化信息以及得到文化心理和素质培养。通过让人们喜爱或乐于接受形式潜移默化地让人们接受健康的文化观念和价值标准。

② 农村生活相对滞后，一是由于农民自身沿袭的思想感情方式在固有的风俗和仪式中倾诉和反复，二是没有足够渠道来接受新的文化陶冶。

二、博物馆下乡做法

博物馆运用文物、图片、史料、录音、录像和适当辅助产品（雕塑、沙盘、模型、美术）将专业性、知识性、学术性、趣味性、科学性、观赏性有机结合，将馆藏品送进社区、学校和乡村。博物馆走进基层，携带文物下乡宣传，开展丰富多彩的流动展览、社交活动，用创新钥匙开启博物馆“活门”，让文化遗产走入千家万户，培养公共文明气质，加强公民文化素养，提升公民民族自尊心、自信心和自豪感[1]。

（一）传播国家政策

国家政策主要包括国家政府“文化自信”政策导向的历史文化、法规文化宣传教育等，加强民族自豪感和自信心。比如新疆阿克苏博物馆“流动博物馆”柯坪县玉尔其乡，以“新疆多元宗教演变的历史轨迹”为主题，以出土文物、遗迹等历史向农民群众阐述新疆自古以来就是一个多宗教并存并逐步演变发展的地区。多民族逐步融合，创造新疆各地民族大团结、大发展良好局面，有效对冲宗教极端思想传播渗透。临沂东夷“流动博物馆”梅家埠街道月亮湾社区文化中心，“让文物说话，讲东夷故事”，以图片PPT（东夷历史名人、重点文物遗迹、考古工作剪影），发放文物宣传册。增强广大群众对文物保护工作的了解和支持，弘扬临沂优秀传统文化，对构建和谐临沂具有重要作用。

（二）展现非遗文化

展现非遗文化主要是通过文物展示增强文物保护意识和传统文化传承意识。比如浙江博物馆安吉之行，《武林雅韵》最初以中国古琴（世界非物质文化遗产）专场演奏为基础，创新融入诗词吟唱、抖空竹、琴歌《卧龙吟》、配乐朗诵和双排键、文物知识竞答。参演人员包括馆内讲解员以及外聘专业人员。同时县生态博物馆安排“把根留住”展览展示安吉历史文化和文化资源状况，并介绍文保法律法规，邀请竹刻、龙王年画、纸扎灯彩等非遗人员。还有肇庆市博物馆启动“肇庆端砚体验课堂”活动，以家庭为单位和体验式活动进行现场观摩和体验，在实际操作中体验非遗魅力，诠释人文历史内涵以及地域特色文化。

（三）藏品科技市场化

文化传承创新方式，主要有两种形式：一种是加强科技技术运用。随着5G、3D技术大力推广，博物馆数字化进程也在加快。各地博物馆重视文化资源的数字化保护、研发，并利用新媒体、3D数字动画、虚拟现实等技术加强与群众互动沟通。比如故宫博物院于2012年开始尝试移动设备微众服务以及藏品介绍应用程序，建成数字故宫社区，并将180多万套藏品上线故宫藏品App，目前已上线六款App①。

另一种形式是加强文化藏品创新成果转化。文化藏品产业化也是当下博物馆产业化重要形式。为了让文化瑰宝走进日常百姓生活中，各地博物馆积极探索文化创意产品开发设计，强调文物气韵精神和实用亲民，为历史文化和现代公众之间架起一座沟通的桥

---

① 六款App分别是“胤禛美人图”“紫禁城祥瑞”“皇帝的一天”“韩熙载夜宴图”“每日皇宫”“故宫陶瓷馆”。

梁。首先，博物馆自身加强文创产业发展，在众多博物馆中故宫博物院和南京博物院文创产业发展较好。故宫博物院的故宫猫、晴雨伞、故宫日历；南京博物院的层叠的雨花景象、桨声灯影里的秦淮河、浸染六朝烟水的纹饰瓦当、玄武河十里长堤的悦人风光，都化身为南京文创工艺品，将金陵的历史、节气、人文、风景、审美彰显无遗。其次，机构之间加强市场营销。比如中国文物交流中心配合文物出境展览进行文创产品开发和营销。中国文物交流中心配合日本“中华大文明展”“丝绸之路上的佛教艺术展”“十里红妆展”，赴土耳其“华夏瑰宝展”、赴英国“中国汉代珍宝展”、赴马来西亚“颐和园珍宝展”、赴中国香港“汉武盛世展”等文物外展，在展览产地或境外博物馆商店设立“中国文物交流中心文创产品销售专柜”，并与商务印书馆（香港）有限公司合作在中国香港历史博物馆设立了文创产品的长期固定销售阵地。

（四）流动博物馆

流动博物馆拓宽了博物馆社会服务功能，贴近实际、贴近生活、贴近群众，搭建起博物馆与基层群众沟通桥梁，让基层群众感受文化服务魅力，增强文物保护意识和传统文化传承意识。比如四川博物馆“大篷车”流动博物馆。“大篷车”内有文物的复制品、多媒体设备、国家法律法规以及文物相关知识的展板。同时配合这些展览，有鉴定人员帮助公众鉴定文物、赏析文物；有书法家、画家随车到基层写春联、送欢乐；有精心筹划、旨在传播文物知识的各项与观众互动的活动；还有关于中国历史文化、科普知识的各类图书。

三、博物馆下乡困境

由于博物馆自身社会属性，在文化传播、传承以及助推乡村产业发展方面还存在一些困境，具体如下：

（一）展现观念落后

观念落后，一方面体现在展现内容落后。着眼于“以物为本”而不是“以人为本”，并没有结合现场观众需求点有效整理藏品展现形式、内容、方式和交流手段。另一方面体现在展现地点固定化。博物馆更多展现地点还是社区、学校，博物馆到基层、乡镇的次数不多[2]。没有充分利用乡村、镇自身独特优势。乡村、小城镇自身特有的建筑物（古民居、祠堂、寺观、农业和手工业作坊等建筑）也是文物重要载体，可以结合国家、地区、市县博物馆藏品，利用博物馆学相关手段和方法，加强文物、藏品展现，把生产生活、观光旅游和文化保护有机结合。

（二）展现方式不多

传统展现方式主要是通过图片、展板、PPT 配合讲解员讲解进行博物馆藏品讲解和介绍。比如葫芦岛博物馆携手辽宁省博物馆走进建昌县黑山科中心小学，借助流动博物馆车，采用触摸屏技术，将辽宁省博物馆重点代表性馆藏品“千年文脉”“史迹风华”以及文创实物产品进行全方位多媒体展示。利用缺少 H5、微信小游戏、微视频以及公众号等现代科技手段进行介绍和传播，加强跨平台利用微信和微博多态互动，迁移已培养的用户，达到多元渠道信息传播营销效果。

四、博物馆下乡对策和建议

针对博物馆自身特性，博物馆下乡要综合各方面人力、物力资源，形成有效联动机制。博物馆负责展品搬运、送展、布展工作。各镇区宣传中心负责组织、宣传、接展、协助布展等工作。考虑多家博物馆、纪念馆联合办展以及与媒体、文艺团体合作。而在博物馆下乡具体实践中应考虑以下几点：

（一）加强乡村需求导向

首先，着眼乡村发展实际，紧密与本地农村群众生产生活联系起来。其次，着眼于实际效果，调动国家、集体、个人三方面积极性，根据长期、中期以及短期规划充分利用传播手段和方式，制定扶持和发展农村文化市场的政策，协调大型团队和小型团队深入基层，加快农村文化建设，促进和推动农村文化市场发展。最后，加强公共服务信息战略导向。根据基层实际需求，结合博物馆服务体系重大工程、主要措施以及步骤，利用多元化媒介载体明确博物馆强农战略导向。

（二）加强当地文化挖掘

加强以“博物馆下乡”为主线，以优秀农村文化和文化产品平台为支撑，农村合作社为实体，城市大市场为后盾，城乡资源互补互生互强推动当地文化发展。在传统饮食、传统手艺、传统茶礼、传统医药、传统演艺等方面积极发掘民族文化元素、红色文化和土司文化特色，根据其文化内涵和精神底蕴争取项目和打造亮点，逐步探索“文化产业化，产业文化化”[3]。并结合当地地区、民族、村户、性别、代际文化需求，寻找文化观念和文化思维、乡村文化和城镇文化差异，创造新生产经营模式和组织经营模式。

（三）加强转化文化产业组织模式

首先，强化农村自身文化繁衍。农村自身舞蹈、戏曲、歌曲具有深厚文化内涵，通过社会化组织模式，激发农村自身文化繁衍和发展，并形成相应产业、商业模式。其次，加强农村文化产业转换。农村文化产品主要采取家族运作模式[4]。其优点在于有利于技艺传承，强化经营者之间沟通、交流，更易于建立一种相互信任关系。缺点在于城市化进程使得家庭和家族规模不断缩小，家庭成员不愿意传承相关技艺；家庭成员虽然继承相关技艺却不愿意在本地发展；家族成员数量减少无法有效传承相关技艺。加强农村居民主体和政府引导相结合，引导农村文化产品从家族化运作转向社会化运作，推动当地文化挖掘、创新、传承和发展[5]。

（四）加强产业型企业沟通

加强企业沟通，特别是优质科技服务型企业，通过借助其品牌优势、技术优势、组织优势以及产品优势助推村级产业发展壮大。腾讯于 2011 年 7 月与黎平县委、县政府合作，捐款 1500 万元，在岩洞镇建设腾讯铜关侗族大歌生态博物馆，并于 2014 年年底开业。其整合设计师、电商以及推广资源，为当地农副产品，手工艺品增加附加值，作为村庄文化保存和经济造血功能的重要公共空间。产品类别方面，助推优质茶叶、刺绣、银制品和油料产品销售出去，品牌有“侗乡茶语”“侗乡有米”。产业模式方面，村民选拔考试，签订《村规民约》；设置村级公众服务号“铜关博物馆助手”；利用“移动互联网乡村计划”将农民从产业链上转变为商品利害关系人，探索让乡村的人文与自然生态产出最大价值的可复制模式。

参考文献：

[1] 胡蔚.博物馆发展的广阔天地——浅谈博物馆下乡与乡镇博物馆建设［J］.博物馆研究，2013（3）：14–18.

[2] 饶蕊，耿达.文化扶贫的内涵、困境与进路［J］.图书馆，2017（10）：10–15.

[3] 周德新.发展视野下的农村文化资源整合探讨［J］.武陵学刊，2011（1）：48–52.

[4] 边晓红，段小虎.“文化扶贫”与农村居民文化“自组织”能力建设［J］.图书馆论坛，2016（2）：1–6.

[5] 张喆昱，张奇.面向文化精准扶贫的措施研究［J］.图书馆杂志，2016（9）：9–13.

《中国旅游评论》征稿启事

《中国旅游评论》是中国旅游研究院主办的按季度连续出版物，由戴斌院长担任主编。注重理论和实践相结合，倡导根植实践的经验总结、问题探索和理论提炼，欢迎有思想、有温度、有品质的文章，在遵循学术规范的前提下无须八股。

1. 常设栏目

旅游大讲堂、旅游人茶座、旅游市场、旅游产业、旅游规划、旅游治理、国际旅游、旅游基础理论等。另根据需要设主题栏目。

2. 收录情况

《中国旅游评论》是中国人民大学书报资料中心重要转载来源，入选 CNKI 中国学术期刊网络出版总库。

3. 稿件审阅

所有来稿须经过论文相似度检测。编辑部对稿件实行双向匿名审稿制度，3 个月内完成审稿。拟录用文章将通过电子邮件回复作者。请勿一稿多投。

4. 著作权授权声明

凡经《中国旅游评论》刊录的论文，其数字化复制权、发行权、汇编权及信息网络传播权将转让予《中国旅游评论》编辑部。

5. 文责自负

本刊所发表的文章不代表编辑部观点，若发表的论文引起著作权纠纷，由作者自行负责，本刊不负任何连带责任。

6. 刊物邮寄

稿件刊出后，编辑部将于当月月底或次月月初以快递形式向作者邮寄样刊两本。

7. 版面费和稿费

本刊不收取版面费，也不向作者发放稿费。

8. 格式规范

（1）文章篇幅一般为 6000~12000 字（重要论文篇幅可放宽），“旅游人茶座”栏目文章篇幅为 2500~4000 字。

（2）稿件内容包括：文章标题、作者署名、单位信息（单位、省份城市邮编）、中文摘要（300 字左右）、关键词（3~5 个）、正文、参考文献、作者简介。“旅游人茶座”栏目文章可省略中文摘要和关键词。

（3）作者简介包括姓名、性别、籍贯、工作单位、职称、学位、研究方向、通信地址、邮政编码、联系电话、电子邮箱。

多个作者之间用分号隔开，同一作者的介绍之中不出现句号。

如有通讯作者，请标明。

（4）文内标题按一、（一）、1、（1）分级编写序号。表、图应随文插入，且在文中注明如表 1（图 1）所示。表题居中位于表的上方，图题居中位于图的下方。如果图表中引用了其他文献的数据资料，应注明详细的资料来源。

（5）注释、引文和参考文献，应提供齐全的著录项：

著作类：作者（译者）姓名、书名、出版地、出版社名称、出版年份、页码（直接引文时标明）。

论文类：作者姓名、文章名、所载报刊名称、年份、期号、页码。

注释采用脚注方式，每页重新编号。脚注中如涉及公开发表的文献（包括电子文献）应作为参考文献在文后出现，不宜采取脚注方式。

参考文献格式参照中华人民共和国国家标准 GB/T 7714—2015《信息与文献文后参考文献著录规则》进行修改。参考文献标注方式允许采用角标方式或夹注方式，两种标注方法任选其一，不要混用。推荐使用角标方式。

——角标方式

正文引文处用上角标标注，按在文中出现顺序排列。

★角标一般应放在标点符号之前，如［1］；多个文献可以用简单标注，如：［15–18］。

★多次引用同一文献时采用原标注。如：戴斌指出：……［1］。……戴斌指出：……［1］。

★如果多次引用同一文献而引用页码不一致，角标采用同一个标注，在文末参考文献中按出现顺序列出页码，两次引用的页码之间用分号隔开。

★参考文献按照方括号［1］/［2］/［3］……在文末排列，按照出现顺序排序。

——夹注方式

正文引文处用括弧夹注，文尾参考文献按字母顺序排列。

★如果引用同一作者同一年份多个参考文献，用 a、b、c 等标注。

★正文夹注中涉及多个作者用逗号隔开。

★参考文献按照方括号［1］/［2］/［3］……在文末排列，按照文献作者姓氏拼音排序。

（6）文章（包括正文、图、表、注释）中出现的英文（包括名词、作者姓名、其他）请翻译成中文，采用中英文对照形式，英文放在括号当中。如果只是在括弧中出现，可以不翻译成中文。

在文后参考文献中，英文姓名的缩写不用加点，在正文、图、表、注释中出现的英文姓名的缩写要加点。

英文的期刊名、著作名用斜体。文章篇名不用斜体。

英文文献篇名统一为第一个字母大写，著作名和期刊的首字母也需大写。

相关规范请参考国家旅游评论服务号，二维码附后。

9. 投稿方式

投稿邮箱：zglypl@126.com；联系电话：010-85166163；传真：010-85166055。

责任编辑：刘志龙
责任印制：闫立中
封面设计：中文天地

图书在版编目（CIP）数据

中国旅游评论. 2020. 第三辑 / 中国旅游研究院主编. -- 北京 : 中国旅游出版社, 2020.9
ISBN 978-7-5032-6560-0

Ⅰ. ①中… Ⅱ. ①中… Ⅲ. ①旅游业发展－中国－文集 Ⅳ. ①F592.3-53

中国版本图书馆CIP数据核字（2020）第173671号

书　　名：中国旅游评论：2020第三辑

作　　者：中国旅游研究院主编
出版发行：中国旅游出版社
（北京静安东里6号　邮编：100028）
http://www.cttp.net.cn　E-mail:cttp@mct.gov.cn
营销中心电话：010-57377108，010-57377109
读者服务部电话：010-57377151
排　　版：北京旅教文化传播有限公司
经　　销：全国各地新华书店
印　　刷：北京明恒达印务有限公司
版　　次：2020年9月第1版　2020年9月第1次印刷
开　　本：787毫米×1092毫米　1/16
印　　张：9
字　　数：168千
定　　价：45.00元
I S B N　978-7-5032-6560-0
